BEGINNING READER

Joie de lire!
1

**HOLT, RINEHART AND WINSTON**

A Harcourt Education Company

Austin • Orlando • Chicago • New York • Toronto • London • San Diego

## Contributing Writers :

Séverine Champeny
Dana Chicchelly
Dianne Harwood

Requests for permission to make copies of any part of the work should be mailed to the following address: Permissions Department, Holt, Rinehart and Winston, 10801 N. MoPac Expressway, Building 3, Austin, Texas 78759.

**Cover Photo/Illustrations Credits:** Front Cover: person, HRW Photo/Sam Dudgeon; grass, Corbis Images; background left to right: field, Corbis Images; Chateau, Corbis Images; village, HRW Photo/Russell Dian; building, HRW Photo/Marty Granger; red tiled village, Corbis Images; St. Paul's Cathedral, Chuck Cecil/Words & Pictures/Picture Quest; Eiffel Tower; HRW Photo/Pierre Capretz; castle on hill, HRW Photo/Helena Kolda; Carousel arch, HRW Photo/Russell Dian. Back Cover: all Corbis Images.

**Acknowledgments :**
**For permission to reprint copyrighted material, grateful acknowledgment is made to the following source:**
***Editions Gallimard:*** From *La cantatrice chauve* by Eugène Ionesco. Copyright © 1954 by Editions Gallimard.

***Pierre Lozère:*** "C'est bientôt l'heure des mamans" by Pierre Lozère from *Editions MaryPierre* from *www.papaclown.com*, accessed February 15, 2001. Copyright © 2001 by Pierre Lozère.

***Bill Zayed on behalf of the author:*** "J'ai vu" by Ihab Shaker from *Ihab Shaker.com*, accessed February 15, 2001, at http://www.ihabshaker.com. Copyright © 2001 by Ihab Shaker.

***Bibliothèque Nationale d'Haïti:*** Adaptation of "Compère Chien et Compère Chat" by Savane Carrée from *Contes des jardins du pays de ti toma.* Copyright © 1989 by Bibliothèque Nationale d'Haïti.

Printed in the United States of America

ISBN 0-03-065626-5

1 2 3 4 5 6 7 066 05 04 03 02 01

# To the Student

You might think that reading is a passive activity, but something mysterious happens as you read. The words on a page enter your mind and interact with whatever else happens to be there—your experiences, thoughts, memories, hopes, and fears. If a character says, "I had to run away. I had no choice," you might say, "Yeah, I know what that feels like." Another reader, however, may say, "What is he talking about? You always have a choice." We all make our own meaning depending on who we are. Here are some of the ways we do that:

1. **We connect with the text.** We might think, "This reminds me of something," or "I once did that."

2. **We ask questions.** We ask about unfamiliar words, or about what might happen next, or about a character's motivation.

3. **We make predictions.** We may not realize that we are making predictions as we read, but if we've ever been surprised by something in a story, that means we had predicted something else.

4. **We interpret.** We figure out what each part of a story means and how the parts work together to create meaning.

5. **We extend the text.** We extend the meaning of a story to the wider life around us, including actual life, films, and other stories.

6. **We challenge the text.** We might feel that a character is not realistic or that the plot is poor or that we don't like the writing.

Experienced readers develop reading skills that help them do all these things. As you read through **Joie de lire!** you will encounter many kinds of texts, from newspaper articles to poetry to short stories. Some of them you will be able to read right away; others will require more effort on your part. Each text comes with pre-reading and during-reading strategies and post-reading activities. These will help you to decode the text quicker, to better understand its meaning, and therefore to enjoy it more!

# Table of Contents

**To the Student** ........................... iii

## Chapitre 1

*Avant la lecture*
**Stratégie :** Using cognates to
 understand meaning ...................... **1**
**Le Club des quatre** ...................... **2**
*Après la lecture* : Activités ............... **4**

*Avant la lecture* ........................... **6**
**Les Correspondantes** ...................... **7**
*Après la lecture :* Activités ............... **8**
*Un peu plus...* Note culturelle;
 Mots croisés; Choix multiple ............... **9**

## Chapitre 2

*Avant la lecture*
**Stratégie :** Looking for context clues ........ **11**
**La Disparition d'Olivier** ................... **12**
*Après la lecture :* Activités ............... **15**

*Avant la lecture* ........................... **17**
**C'est bientôt l'heure des mamans** ...... **17**
*Après la lecture :* Activités ............... **18**
*Un peu plus...* Note culturelle;
 Qui est-ce?; Proverbe ..................... **19**

## Chapitre 3

*Avant la lecture*
**Stratégie :** Activating prior knowledge ......**21**
**L'Enquête du club des quatre** ..........**22**
*Après la lecture :* Activités ...............**25**

*Avant la lecture* ........................... **27**
**J'ai vu** ...................................... **27**
*Après la lecture :* Activités ...............**28**
*Un peu plus ...* Note culturelle;
 Les couleurs; En paires; Proverbe .........**30**

# Chapitre 4

*Avant la lecture*
**Stratégie :** Using text organizers ............**31**
**Le Club des quatre à la Maison
    des jeunes** .........................**32**
*Après la lecture :* Activités ..............**35**

*Avant la lecture* ......................**36**
**Le Sport au Québec** ................**37**
*Après la lecture :* Activités ..............**39**
*Un peu plus...* Note culturelle; En paires;
    Citation ..........................**40**

# Chapitre 5

*Avant la lecture*
**Stratégie :** Determining the main idea ......**41**
**Les Cafés parisiens** ....................**42**
*Après la lecture :* Activités ..............**44**

*Avant la lecture* ......................**46**
**Les Croissants** ......................**46**
*Après la lecture :* Activités ..............**48**
*Un peu plus...* Note culturelle;
    Devine!; Proverbe ..................**50**

# Chapitre 6

*Avant la lecture*
**Stratégie :** Using chronology ..............**51**
**Un jeune Américain à Paris** ............**52**
*Après la lecture :* Activités ..............**54**

*Avant la lecture* ........................**55**
**Le Cinéma : les jeunes l'aiment** ........**56**
*Après la lecture :* Activités ..............**57**
*Un peu plus...* Note culturelle;
    Deux par deux; Expression ..............**58**

## Chapitre 7

*Avant la lecture*
**Stratégie :** Interroger le texte ...............**59**
**La Cantatrice chauve** ...................**60**
*Après la lecture :* Activités ...............**62**

*Avant la lecture* .........................**64**
**Histoires drôles** ........................**65**
*Après la lecture :* Activités ...............**67**
*Un peu plus...* Note culturelle;
    Devinette; Proverbe ....................**68**

## Chapitre 8

*Avant la lecture*
**Stratégie :** Faire des inférences ...........**69**
**Au supermarché pour
    la première fois** ......................**70**
*Après la lecture :* Activités ...............**73**

*Avant la lecture* .........................**75**
**La Cantine** .............................**75**
*Après la lecture :* Activités ...............**77**
*Un peu plus...* Note culturelle; Deviens
    architecte; Exprime-toi; Expression ........**78**

## Chapitre 9

*Avant la lecture*
**Stratégie :** Des causes à effets ..............**79**
**La Tentation** ..............................**80**
*Après la lecture :* Activités ...............**84**
*Un peu plus...* Note culturelle; Jouez
    au détective; Proverbe ...................**86**

# Chapitre 10

*Avant la lecture*
**Stratégie :** Utilise ce que tu connais ........**87**
**Les Habits neufs de l'empereur** ........**88**
*Après la lecture :* Activités ..............**92**

*Avant la lecture* ..........................**94**
**Maeva, la nouvelle
    génération mode!** .....................**94**
*Après la lecture :* Activités ..............**95**
*Un peu plus...* Note culturelle; Tu connais
    le monde de la couture?; Proverbe ........**96**

# Chapitre 11

*Avant la lecture*
**Stratégie :** Déterminer un but ..............**97**
**Olivier fait de la voile** ...................**98**
*Après la lecture :* Activités ..............**102**
*Un peu plus...* Note culturelle;
    Le mot secret ..........................**104**

# Chapitre 12

*Avant la lecture*
**Stratégie :** Faire des prédictions ...........**105**
**Compère Chien et Compère Chat** .....**106**
*Après la lecture :* Activités ..............**110**
*Un peu plus...* Note culturelle;
    Expressions créoles; Tu parles créole?;
    Proverbes .............................**113**

**Glossaire** .................................**116**
**Réponses** .................................**130**
**Références** ................................**136**

**Chapitre**

# 1

## *Avant la lecture*
## *Le Club des quatre*

**Chapitre 1**
Le Club des quatre . . . . . . . . . . 2

Les Correspondantes . . . 7

**Stratégie**

**Using cognates to understand meaning** French shares many words with English. Words that are closely related in meaning and have the same or similar spellings in both languages are called cognates. Recognizing these words when you read will help you understand more French words.

## Activité

**Tu reconnais?** Finding a cognate in a new language is like running into an old friend! Look at the following words from the selection you're about to read. Can you figure out what they mean?

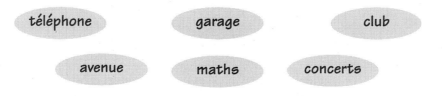

téléphone    garage    club

avenue    maths    concerts

Now complete each sentence below with a cognate from the list above.

1. La bicyclette est dans le _____ .
2. J'habite _____ des Champs-Elysées.
3. Tu aimes parler au _____ .
4. Mon _____ de tennis s'appelle «Sport 2000».
5. Julien n'aime pas les _____! Il préfère l'histoire.
6. J'aime écouter de la musique. J'adore les _____!

**Chapitre 1**    **1**

# Le Club des quatre

## Pendant la lecture

As you read this selection, look for cognates. Try to figure out if they mean the same thing in French and English.

**A.** What is the **Club des quatre**?

**B.** How many girls and how many boys belong to the **Club des quatre**?

**C.** Where is Montfort?

**D.** What are Julien's favorite and least favorite school subjects?

**E.** Where does Olivier live?

Bonjour! Je m'appelle Morgane, Morgane Taieb. Je commence[1] un journal, le journal du Club des quatre. Le Club des quatre, qu'est-ce que c'est?[2] C'est un club secret de quatre amis; deux garçons[3], Julien et Olivier, et deux filles[4], Chloé et moi, Morgane.

Julien, Olivier, Chloé et moi, on habite à Montfort-l'Amaury. Montfort est une petite ville[5] tranquille de la banlieue[6] de Paris. C'est à l'ouest de Paris, à trente-cinq minutes en voiture[7] de la Porte de St-Cloud*.

Julien, c'est Julien Perrault. Il a quatorze ans et il habite avenue de Paris, près de la gendarmerie[8], dans un grand appartement, avec ses parents. Il a deux sœurs[9] : une grande sœur qui a dix-neuf ans et une plus petite qui a onze ans. A l'école, il aime étudier l'anglais et le français, mais il n'aime pas les maths. Il aime beaucoup le cinéma et les concerts.

Olivier, lui, s'appelle Olivier Delaforge. Il a quinze ans et il habite rue de la Moutière, près de la poste. Ses parents sont[10] divorcés. Il habite avec sa mère[11] dans un petit appartement. Son père habite à Rennes. Il va chez son père le week-end. Olivier adore

---

**1** I am starting  **2** What is it?  **3** boys  **4** girls  **5** small town  **6** the suburbs
**7** by car  **8** police station  **9** sisters  **10** are  **11** mother

*La Porte de St-Cloud** is a western entrance to Paris. Every entrance to Paris is called **porte** *(gate)*.

le sport. Il aime le football, mais il préfère le basket. Il aime sortir avec les copains et parler au téléphone. Il aime aussi faire le clown[1] et raconter des blagues.

Chloé, elle, s'appelle Chloé Binoche. Elle a quatorze ans et elle habite, comme moi, rue Maurice Ravel* dans une grande maison. Ses parents habitent en Afrique alors, pendant l'année scolaire, elle habite avec ses grands-parents. Chloé aime bien danser et voyager. Elle n'aime pas le sport et elle n'aime pas regarder la télé non plus[2]. Elle adore manger[3]! Elle aime surtout la pizza et les hamburgers.

Moi, Morgane Taieb, j'ai quinze ans. J'habite avec Papa, Maman et mon petit frère[4] Chekib, rue Maurice Ravel, près de[5] chez Chloé. Papa est tunisien[6] et Maman est française. J'aime bien faire les magasins et j'aime aussi faire du sport. J'aime nager mais je préfère le ski. J'adore les vacances! On rentre souvent en Tunisie[7] pendant les vacances d'été. Je n'aime pas les examens!

Voilà pour la présentation du Club des quatre.

**1** to clown around  **2** neither  **3** to eat  **4** brother  **5** near, close to  **6** Tunisian  **7** Tunisia

*Streets in France have names, never numbers. They are often named after famous people in French art or history. **Maurice Ravel** (1875-1937) was a famous composer.

### Pendant la lecture

**F.** What does Olivier like to do, besides playing sports?

**G.** Which club member lives on the same street as Chloé?

**H.** Where do Chloé's parents live?

**I.** What does Chloé like to do?

**J.** How old is Morgane?

**K.** What is Morgane's favorite sport?

## *Après la lecture*
# Activités

### 1 Vrai ou faux?

Read the following statements. Are they true (**vrai**) or false (**faux**)?

| vrai | faux | |
|---|---|---|
| ☐ | ☐ | **1.** Julien, Olivier, Morgane et Chloé ont quatorze ans. |
| ☐ | ☐ | **2.** Julien habite près de la gendarmerie. |
| ☐ | ☐ | **3.** Le sport préféré d'Olivier, c'est le football. |
| ☐ | ☐ | **4.** Chloé habite avec ses grands-parents. |
| ☐ | ☐ | **5.** Paris est à l'ouest de Montfort. |
| ☐ | ☐ | **6.** Les parents de Chloé habitent en Australie. |
| ☐ | ☐ | **7.** Olivier est très sérieux. |
| ☐ | ☐ | **8.** Morgane a un frère. |

### 2 Qui parle?

Based on the description of each teenager in the reading, who do you think might have made the following statements: Julien, Olivier, Chloé, or Morgane?

**1.** _____ "I talked to Thomas on the phone last night for 30 minutes!"

**2.** _____ "We ate last night at a great Italian restaurant. The pizza was delicious."

**3.** _____ "I am spending next weekend with my father."

**4.** _____ "I have an algebra test on Tuesday! Can someone please help me?"

**5.** _____ "My grandparents are going to let me have a party next weekend. I'll have lots of good music so that we can dance."

**6.** _____ "Claudine, Julie, and I are going with our parents to a piano concert on Sunday. Would you like to go?"

**7.** _____ "I'm going to attend my cousin's wedding in Tunisia next summer."

## 3 Ton club

With two other students, create a secret club like the *Club des quatre.*
Use the form below for your club's charter.

| Notre club s'appelle : | | | |
|---|---|---|---|
| Noms des membres | | | |
| Age | | | |
| Il/Elle aime | | | |
| Il/Elle n'aime pas | | | |

## 4 En contexte

In the sentences below, guess the meaning of each word in boldface.
What do they have in common? Can you try to find a rule?*

1. J'habite avec **mon** papa, **ma** maman et **mon** petit frère.

2. Chloé, tu habites avec **ton** grand-père et **ta** grand-mère?

3. Julien habite avec **ses** parents et **ses** deux sœurs.

4. Olivier habite avec **sa** mère. **Son** père et **sa** mère sont divorcés.

## 5 Fais une liste

Now that you've read the text, make a list of all the cognates you found in the text. Did you encounter any **faux amis**[1]? If so, which ones?

---

**1** false cognates

## *Avant la lecture*
# Les Correspondantes

Imagine that you just received this letter from your new pen pal:

Salut!
Je m'appelle Patrick. J'ai quinze ans.
Ecris-moi¹ vite!
Patrick

What other information would you have expected from Patrick? Make a list of things that you might include in your first letter to a pen pal.

## Activité

**Une réponse** Respond to Patrick's letter. Be sure to include as many details as possible regarding your likes and dislikes. Use the cognates you already know and the additional ones provided in the box to give information about yourself.

| | | | |
|---|---|---|---|
| un appartement | la poste | le tennis | la géographie |
| le week-end | les restaurants(m.) | la radio | le zoo |
| les matches de foot(m.) | le camping | le jogging | le théâtre |
| la limonade | une omelette | le coca | le parc |

...............................................................................................................................

**1** write to me

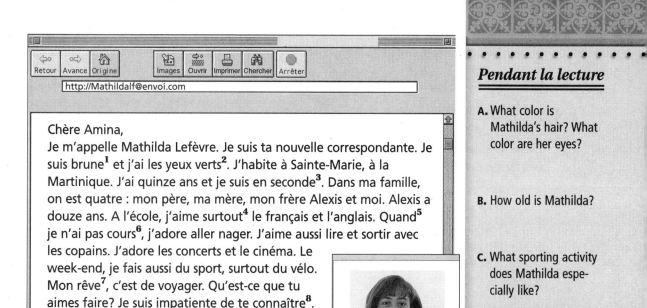

http://Mathildalf@envoi.com

Chère Amina,

Je m'appelle Mathilda Lefèvre. Je suis ta nouvelle correspondante. Je suis brune[1] et j'ai les yeux verts[2]. J'habite à Sainte-Marie, à la Martinique. J'ai quinze ans et je suis en seconde[3]. Dans ma famille, on est quatre : mon père, ma mère, mon frère Alexis et moi. Alexis a douze ans. A l'école, j'aime surtout[4] le français et l'anglais. Quand[5] je n'ai pas cours[6], j'adore aller nager. J'aime aussi lire et sortir avec les copains. J'adore les concerts et le cinéma. Le week-end, je fais aussi du sport, surtout du vélo. Mon rêve[7], c'est de voyager. Qu'est-ce que tu aimes faire? Je suis impatiente de te connaître[8].

A bientôt, ta nouvelle copine,

Mathilda

http://Amina@phoenix.mail.com

Salut Mathilda!

Merci pour ta lettre. Ici[9], ça va très bien. Moi, j'habite à Tunis et j'ai seize ans. Je suis aussi en seconde. Je suis brune et j'ai les yeux marron[10]. J'ai trois frères, Karim, Khaled et Mohammed, et une sœur, Fatima. Mes frères adorent le sport, surtout le football. Ma sœur et moi, on aime mieux écouter de la musique et regarder la télé. J'aime beaucoup danser et je prends[11] des cours de danse. A l'école, je suis très bonne[12] en maths et en sciences, mais je ne suis pas terrible[13] en français! J'aime lire des livres de science-fiction. En vacances, j'aime aller à la plage. C'est comment, la Martinique?

Amitiés,

Amina

---

**1** brunette   **2** green eyes   **3** 10th grade   **4** especially   **5** when   **6** class   **7** dream
**8** to get to know you   **9** here   **10** brown   **11** take   **12** good   **13** I am not good

*Pendant la lecture*

**A.** What color is Mathilda's hair? What color are her eyes?

**B.** How old is Mathilda?

**C.** What sporting activity does Mathilda especially like?

**D.** What is Mathilda's dream?

**E.** Where does Amina live?

**F.** How many brothers and sisters does Amina have?

**G.** What do Amina and her sister like to do?

**H.** What are Amina's best and worst school subjects?

**I.** What does Amina like to read?

## *Après la lecture*
# Activités

### 1 Mathilda ou Amina?

How are Mathilda and Amina alike and how are they different? Tell if these statements apply to Mathilda, Amina, or both.

| | | |
|---|---|---|
| 1. I have brown hair. | 5. I have brown eyes. | 9. I like English. |
| 2. I'm good at math. | 6. I like to read. | 10. I have green eyes. |
| 3. I like to travel. | 7. I'm fifteen. | 11. I have a sister. |
| 4. I'm sixteen. | 8. I like to dance. | 12. I love the beach. |

### 2 La lettre de Bertrand

Bertrand's letter is incomplete. Can you fill in the blanks based on the illustration below?

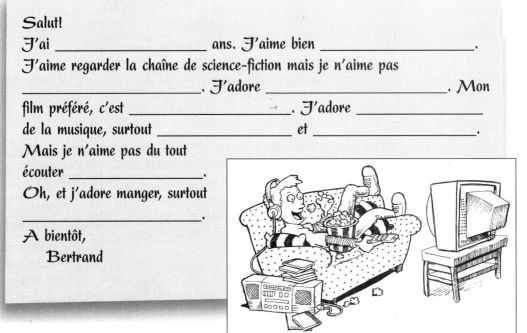

Salut!
J'ai _____ ans. J'aime bien _____.
J'aime regarder la chaîne de science-fiction mais je n'aime pas
_____. J'adore _____. Mon
film préféré, c'est _____. J'adore _____
de la musique, surtout _____ et _____.
Mais je n'aime pas du tout
écouter _____.
Oh, et j'adore manger, surtout
_____.

À bientôt,
    Bertrand

### 3 Qui est-ce?

Work in groups of four and copy the pen pal letter below on a separate sheet of paper. Fill in the blanks without letting the rest of the group see what you're writing. Exchange letters within your group, and take turns reading them. Then, try to guess the identity of the person who wrote the letter.

# Un peu plus...

## Note culturelle

In the past, France had strict rules governing the selection of first names for children. The only acceptable first names were those found on calendars. France uses the catholic calendar which associates each day with the name of a saint. February 22nd, for example, is the day of Sainte Isabelle. Other acceptable first names were those of famous people in history.

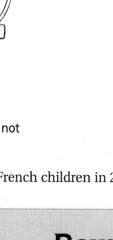

The increase in the number of immigrants and the influence of pop culture, movies, and television has, over time, popularized names of foreign origin (Malika, Karim, Mason, Susie) in France. In 1993, a new law was enacted that allowed parents to choose any first name they wished as long as it was not considered ridiculous and was in the best interest of the child.

Here are some of the most popular first names given to French children in 2000:

| Girls | | Boys | |
|---|---|---|---|
| Léa | Camille | Lucas | Thomas |
| Manon | Océane | Hugo | Alexandre |
| Sarah | Laura | Olivier | Victor |
| Julie | Marine | Florian | Pierre |
| Inès | Morgane | Romain | Louis |
| Juliette | Valentine | Benjamin | Valentin |

## 1 Mots croisés

Once you have found all the first names (in French) by answering the questions below, you will find the first name of a famous French author who was born in 1802 and who wrote *Notre-Dame de Paris*.

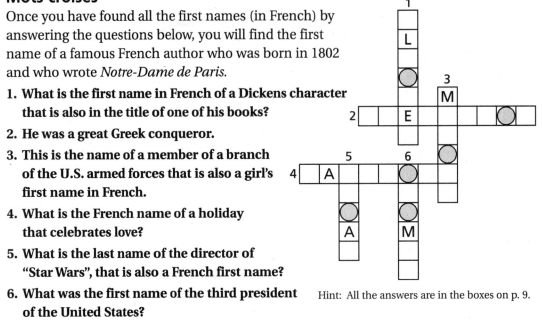

1. **What is the first name in French of a Dickens character that is also in the title of one of his books?**

2. **He was a great Greek conqueror.**

3. **This is the name of a member of a branch of the U.S. armed forces that is also a girl's first name in French.**

4. **What is the French name of a holiday that celebrates love?**

5. **What is the last name of the director of "Star Wars", that is also a French first name?**

6. **What was the first name of the third president of the United States?**

Hint: All the answers are in the boxes on p. 9.

The first name of the author of *Notre-Dame de Paris* is __ __ __ __ __ __.
Do you know his last name?

## 2 Choix multiple

Answer the following questions. You may wish to review the vocabulary in the reading on pages 2–3 before you begin.

**1.** Comment s'appelle les environs[1] d'une grande[2] ville?
- ❑ les maisons
- ❑ la gendarmerie
- ❑ la banlieue

**2.** Quel est le nom d'un célèbre compositeur[3] français?
- ❑ Maurice Ravel
- ❑ Louis XIV
- ❑ Ludwig van Beethoven

**3.** Où habite le prince Charles?
- ❑ au Canada
- ❑ en Angleterre
- ❑ en France

**4.** Si[4] tu habites un petit appartement, tu n'habites pas...
- ❑ un pays.
- ❑ une ville.
- ❑ une grande maison.

**5.** Si tu as 15 ans, ton petit frère n'a pas...
- ❑ 13 ans.
- ❑ 17 ans.
- ❑ 8 ans.

**6.** Une personne qui aime faire le clown...
- ❑ aime les blagues.
- ❑ est très sérieuse.
- ❑ ne raconte pas de blagues.

. . . . . . . . . . . . . . . . . . . . . . . . . . . . . . . . . . . . . . . . . . . . . . . . . . . . . . . . . . . . . . . . . . . . . . . . . . . . . . . . . . . . . . . . . . . .

**1** surrounding area   **2** big   **3** famous composer   **4** if

# Chapitre

## 2 Avant la lecture
### La Disparition d'Olivier

**Chapitre 2**
La Disparition
d'Olivier  . . . . . . . . 12

C'est bientôt l'heure
des mamans  . . . . . 17

**Stratégie**

**Looking for context clues** When you read a new passage, don't get bogged down by words you don't know. First, see how much you can understand without worrying about any of the unfamiliar words. When you come across a word you don't know, look at the context for clues. Often the context contains things you already know that will help you determine the meaning of an unfamiliar word.

## Activités

**A** Read the sentences below:

**J'adore l'anglais, le français et l'allemand. J'apprends l'allemand pour aller à Berlin.**

What do you think the word **allemand** means? Is it a sport? A language? A number? What context clues did you use to guess the meaning of this word? The context provides you some clues: I learn **allemand** because I want to go to Berlin. Berlin is in Germany. Therefore, what can you assume?

**B** Chloé and Julien are in school. In the sentences below, see if keeping this context in mind helps you figure out the meaning of the underlined words.

**Chloé trouve[1] l'allemand <u>facile</u> mais Julien trouve l'allemand difficile.**

**Julien est <u>distrait</u> : il n'est pas attentif à ce que dit Madame Berthier[2].**

Before you attempt to read the passage, look at everything that can give you information about the context: the title, the questions in the margin, the photos and the art.

. . . . . . . . . . . . . . . . . . . . . . . . . . . . . . . . . . . . . . . . . . . . . . . . . . . . . . . . . . . . . . .
**1** finds  **2** to what Mrs. Berthier is saying

# La Disparition[1] d'Olivier

Les quatre amis — Julien, Olivier, Chloé et Morgane sont élèves en troisième au Collège Jules Ferry de Montfort.

Jeudi, quatorze heures : Julien, Chloé et Morgane sont en cours d'allemand. Chloé trouve l'allemand facile, mais Julien et Morgane trouvent ça barbant[2] et en plus les devoirs sont difficiles! Où est[3] Olivier? Il n'est pas en classe. Qu'est-ce qu'il fait?[4] Morgane est distraite; elle n'écoute pas Madame Berthier, le professeur d'allemand. Julien aussi est distrait; il n'est pas attentif à ce que dit Madame Berthier. Il attend la récréation avec impatience. Chloé, elle, est inquiète[5] : «Où est Olivier?»

Finalement, il est quinze heures. Morgane a cours d'informatique et Julien a chimie. Il adore les sciences. Il trouve ça passionnant. Comme Chloé n'a pas cours, elle va[6] au gymnase… Olivier a peut-être sport. Non, Olivier n'est pas au gymnase. Mais, sur[7] un banc[8], Chloé trouve quelque chose[9]. Qu'est-ce que c'est? Une note! C'est l'écriture[10] d'Olivier.

A. What grade are Julien, Olivier, Chloé, and Morgane in?

B. You have already established that **l'allemand** means German. Can you figure out the meaning of **cours**?

C. What are the friends' opinions of German class?

D. Is Julien paying attention in class?

E. What time is Morgane's computer class?

F. Why does Chloé go to the gymnasium?

G. What does Chloé find on a bench?

----

**1** disappearance  **2** boring  **3** Where is  **4** What's he doing?  **5** worried  **6** goes
**7** on  **8** bench  **9** something  **10** handwriting

*Urgent! J'ai besoin[1] d'aide. Rendez-vous devant l'école après les cours.*

*Olivier*

## Le mystère

Enfin, c'est l'heure de la sortie. A dix-sept heures quinze, Julien, Chloé et Morgane sont avec Olivier devant le collège. Olivier est déprimé[2].

### Pendant la lecture

H. At what time do the friends meet Olivier?

I. Is Olivier in a good mood?

J. What happened to Olivier?

K. What does Morgane believe happened to Olivier's backpack?

L. What is Julien's reaction?

| | |
|---|---|
| JULIEN | Salut, Olivier. Ça va? |
| OLIVIER | Bof! Pas terrible. |
| CHLOE | Qu'est-ce qui se passe[3]? J'ai trouvé ton mot dans le gymnase. |
| OLIVIER | Mon sac à dos a disparu[4]. Avec toutes mes affaires[5]! Mes affaires de biologie, d'espagnol, de maths, de latin et de sport. J'ai cherché partout mais je ne le trouve pas. |
| CHLOE | Voyons[6]... tu es sûr? Ton sac est peut-être dans la salle de biologie ou dans la salle de maths? |
| OLIVIER | Non, il n'y est pas. J'ai regardé[7]. |
| JULIEN | Et dans la salle de latin? |
| OLIVIER | Non plus. Et il n'est pas dans la salle d'espagnol. |
| JULIEN | Ton sac est peut-être chez toi. |
| OLIVIER | Non, je suis sûr qu'il n'est pas chez moi. |
| MORGANE | Alors, c'est peut-être un voleur[8] qui l'a pris. |
| JULIEN | Un voleur? Tu rigoles[9]! |
| MORGANE | Non, et pourquoi pas? C'est possible. |
| CHLOE | Cette idée de voleur... moi, je trouve ça un peu ridicule. Olivier, tu as regardé dans le gymnase? |

. . . . . . . . . . . . . . . . . . . . . . . . . . . . . . . . . . . . . . . . . . . . . . . . .

**1** I need   **2** depressed   **3** What's the matter?   **4** disappeared   **5** with all my things (my belongings)   **6** Let's see   **7** I looked.   **8** thief   **9** You're kidding!

Chapitre 2   **13**

**M.** Look at the answer to Morgane's question. Can you figure out what **combien** means?

**N.** What does Chloé say?

**O.** What does Julien propose?

OLIVIER   Mais oui! J'ai regardé partout. Morgane a raison[1]. C'est peut-être un élève de ma classe.

MORGANE   Il y a combien d'élèves dans ta classe?

OLIVIER   Il y a vingt-quatre élèves : quatorze filles et dix garçons.

MORGANE   C'est beaucoup. Ça ne va pas être facile. Est-ce que tu as des soupçons[2] sur quelqu'un?

CHLOE   Les soupçons, c'est pas assez. Il faut des preuves[3].

JULIEN   Allons[4] chez moi et préparons un plan d'attaque.

MORGANE   Bonne idée!

*A suivre[5]...*

. . . . . . . . . . . . . . . . . . . . . . . . . . . . . . . . . . . . . . . . . . . . . . . . . . . . . . . . . .

**1** Morgane is right.   **2** suspicion   **3** proof   **4** Let's go   **5** To be continued

*Après la lecture*
# Activités

**1** ## Tu as compris?

Answer the following questions with complete sentences. Begin your answer with **Non, ...** or **Si, ...**

1. Julien, Olivier, Chloé et Morgane sont élèves en quatrième?
2. Les amis ont allemand à neuf heures?
3. Morgane trouve l'allemand facile?
4. Julien n'est pas en cours aujourd'hui?
5. Olivier n'a pas allemand l'après-midi?
6. Chloé trouve le sac à dos d'Olivier sur un banc?
7. Julien n'aime pas les sciences?

**2** ## Mots croisés

Use cognates from *La Disparition d'Olivier* to complete the crossword puzzle. Be sure to check the spelling of the French words by referring to the reading.

1. Help
2. Something that can be or that can happen but is not a certainty
3. A short message
4. Lack of patience
5. The room you meet with your teacher and other students in school
6. When it needs immediate attention
7. An aggressive action

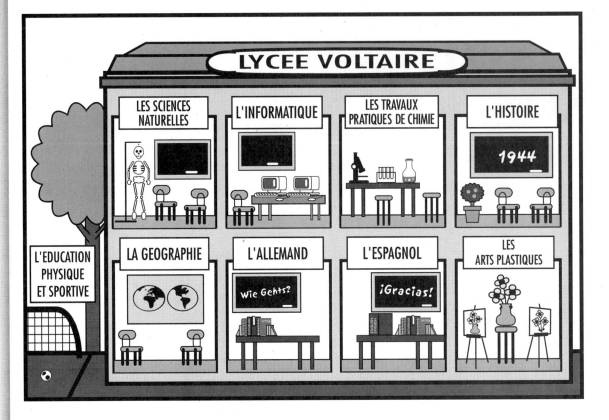

### 3 Quelle classe?

Morgane lost her notebook. She probably left it in one of the classrooms, but which one? Use the clues below and the floorplan of the school to help her find it.

1. Dans la classe, il n'y a pas de plante.
2. Dans la classe, il n'y a pas de microscope.
3. Dans la classe, il y a un tableau noir.
4. Dans la classe, il n'y a pas de livre.
5. Dans la classe, il n'y a pas d'ordinateur.

### 4 Où est mon sac?

You and your partner have hidden each other's backpacks in one of the classrooms. Take turns guessing where your backpack is hidden, by asking descriptive questions about the classroom. The first one to guess correctly wins.

# Avant la lecture
## *C'est bientôt l'heure des mamans*

### Activité

**Réfléchis!** The word **maman** is a cognate.

1. What does it mean?
2. What do you think the difference is between the words **mère** and **maman?** What are the equivalents in English?
3. What kind of mood could the poet be trying to create by using the word **maman** instead of **mère?**

*Pendant la lecture*

What is your fondest memory from your early school years? How old were you? What made the event memorable?

C'est bientôt l'heure des mamans
préparez-vous les enfants
il faut mettre[1] ses habits
l'école est finie
Devant l'école maternelle[2]
les parents sont là
devant l'école maternelle
ils font les cent pas[3]
C'est bientôt l'heure des mamans
préparez-vous les enfants
il faut mettre ses habits
l'école est finie
Ma petite maman magique
dès que[4] je te vois[5]
je viens me blottir[6] bien vite[7]
au creux de tes bras[8]
C'est bientôt l'heure des mamans
préparez-vous les enfants
il faut mettre ses habits
l'école est finie

©Pierre Lozère

ECOLE MATERNELLE

**A.** What is **"l'heure des mamans"**?

**B.** Who is probably helping the children get ready?

**C.** How old do you think the children in the poem are?

**D.** Where are the parents?

**E.** What emotion(s) does the narrator feel as he is reunited with his mother?

---

**1** put on  **2** kindergarten  **3** pace back and forth  **4** as soon as  **5** I see you  **6** snuggle up  **7** quickly  **8** arms

**Chapitre 2** **17**

## Après la lecture
# Activités

**1** **Logique ou illogique?**

Choose the most logical answer to each of these questions.

1. Where are the children?
   a. They are in bed.
   b. They are at school.
   c. They are at the park.

2. Why does the poet call his mother **"magique"?**
   a. She appears at the school as if by magic to pick him up every day.
   b. She makes him feel very special.
   c. all of the above

3. Why are the parents pacing?
   a. They can't wait to see their children.
   b. They have to get back to work.
   c. They are irritated.

4. What does the poet do as soon as he sees his mother?
   a. He cries.
   b. He hides from her.
   c. He runs into her arms.

**2** **Ça rime?**

Match the word in the first column with the word in the second column that rhymes with it.

_____ **1.** super
_____ **2.** facile
_____ **3.** devoirs
_____ **4.** mamans
_____ **5.** musique

**a.** physique
**b.** enfants
**c.** poster
**d.** difficile
**e.** histoire

**3** **Haïku**

In *C'est bientôt l'heure des mamans,* the poet expresses ideas with only a few precisely chosen words. The Japanese *haiku* takes this approach to the extreme, using only seventeen syllables in an entire poem! Use the directions below to write a *haiku* in French about your school or any of your school subjects.

Line 1: Write a statement about the school subject, using only 5 syllables.

Line 2: Write three words to describe the school subject, using only 7 syllables.

Line 3: Write the final line of your poem, using only 5 syllables.

Here is one to get you thinking:

> Le français
> Le français, c'est cool.
> Génial et passionnant.
> C'est super facile.

# Un peu plus...

## Note culturelle

French children generally start their schooling around the age of three. They attend **l'école maternelle** for three years. They then go to **l'école primaire** (or **l'école élémentaire**) for five years:

le CP (le cours préparatoire)
le CE1 (le cours élémentaire 1)
le CE2 (le cours élémentaire 2)
le CM1 (le cours moyen 1)
le CM2 (le cours moyen 2)

After finishing the **école élémentaire,** students attend the **collège** for four years and then go on to the **lycée** for three years at the end of which they take the **baccalauréat** exam.

| Le système français | | Le système américain | |
|---|---|---|---|
| Collège | Sixième | Sixth grade | Middle School |
| Collège | Cinquième | Seventh grade | Middle School |
| Collège | Quatrième | Eighth grade | Middle School |
| Collège | Troisième | Freshman year | High School |
| Lycée | Seconde | Sophomore year | High School |
| Lycée | Première | Junior year | High School |
| Lycée | Terminale | Senior year | High School |

While teachers are called **professeurs** at the **collège** and **lycée** levels, they are usually referred to as **instituteurs/institutrices** or **maîtres/maîtresses** at the primary and elementary school levels.

## 1 Le système français

If you were in a French school, what grade would you be in? If you had a brother one year older than you, what grade would he be in? What about a sister two years younger than you?

## Qui est-ce?

In France, schools are often named after famous French authors. Can you match these francophone authors with their work? Research these authors using resources in your library or on the Internet.

1. **Collège Victor Hugo**
2. **Lycée Voltaire**

3. **Collège Charles Baudelaire**

4. **Collège Honoré de Balzac**

5. **Lycée Aimé Césaire**

6. **Ecole Frédéric Mistral**
7. **Lycée Descartes**
8. **Ecole Flaubert**

a. Provençal author
b. French philosopher who is credited with the concept "I think, therefore I am"

c. Caribbean author who wrote *Cahier d'un retour au pays natal*

d. French novelist who wrote *Madame Bovary*

e. French author who wrote *Les Misérables*

f. French novelist who wrote *La Comédie humaine*
g. French philosopher who wrote *Candide*
h. French poet who wrote *Les Fleurs du mal*

## Proverbe
La vérité sort de la bouche des enfants.

Can you think of an equivalent expression in English?

## Chapitre

# 3

## Avant la lecture
## L'Enquête du club des quatre

**Chapitre 3**
L'Enquête du club
des quatre . . . . . . . 22

J'ai vu... . . . . . . . . 27

**Stratégie**

**Activating prior knowledge** Activating prior knowledge means determining what the text is about, and then thinking about everything you already know about that topic. **L'enquête** means *investigation.* As you think back to what happened in the last reading about the **Club des quatre,** can you guess what they are investigating?

## Activité

**Qui est coupable?** Who took Olivier's backpack? Look at the list of some of the contents of his backpack. Can you eliminate any of Olivier's suspects, based on their needs or interests mentioned below?

un sweat-shirt rouge

un classeur jaune

des feuilles de papier

un dictionnaire d'espagnol

un livre pour le cours d'espagnol

un CD de rock

un cahier violet pour la géométrie

une calculatrice

un classeur marron

un livre pour le cours de latin

un short rouge

un tee-shirt gris

des baskets blanches

un magazine de cinéma

un roman de Dumas

un livre pour le cours de biologie

> a. **Sandrine loves to read novels.**
>
> b. **Xavier needs some new gym shoes.**
>
> c. **Thomas loves to listen to music.**
>
> d. **Philippe could use some help with French.**
>
> e. **André made a low grade on his last geography test.**

# L'Enquête du club des quatre

A. Where are Julien, Olivier, Chloé, and Morgane?

B. What does Julien want to know about Olivier's backpack?

C. What color is Olivier's backpack?

D. What classes does Olivier have on Thursdays?

E. What does he need for his biology class?

Qui a volé[1] le sac d'Olivier? C'est le mystère que le Club des quatre veut résoudre[2]. Jeudi, dix-huit heures quarante-cinq, les quatre amis, Julien, Olivier, Chloé et Morgane sont en réunion chez Julien.

JULIEN    Faisons[3] une liste des affaires volées[4]. Olivier, de quelle couleur est ton sac à dos? Et qu'est-ce qu'il y a dedans?

OLIVIER    Mon sac à dos est vert et blanc. Dedans, il y a... Zut! Il y a... Je ne sais pas[5], moi... Il y a beaucoup de choses!

CHLOE    Bon, le jeudi, tu as biologie, espagnol, maths, latin et sport. Qu'est-ce que tu as pour la biologie?

OLIVIER    Mon livre, un classeur jaune et des feuilles de papier.

JULIEN    Bon. Et pour l'espagnol?

--------

**1** stole   **2** wants to solve   **3** let's make   **4** stolen   **5** I don't know

| OLIVIER | Euh... Un dictionnaire, un cahier bleu et un livre de grammaire. Pour les maths, j'ai deux cahiers, un rouge pour l'algèbre et un violet pour la géométrie. J'ai aussi une calculatrice. |
| MORGANE | Et pour le latin? |
| OLIVIER | Un classeur marron et mon livre. |
| CHLOE | Et pour le sport? |
| OLIVIER | J'ai un short rouge, un tee-shirt gris et des baskets blanches. |
| JULIEN | Et tu as autre chose[1] dans ton sac? |
| OLIVIER | Oui, j'ai une trousse bleue avec des stylos, des crayons de couleur, une gomme et une règle. |
| MORGANE | C'est tout? |
| OLIVIER | Oh non! Il y a aussi un magazine de cinéma, un roman de Dumas, un sweat-shirt rouge et un CD de rock. Voilà, c'est tout. Euh... Mais oui... bien sûr! C'est Sandrine qui a volé mon sac! |
| JULIEN | Sandrine Dumont? Pourquoi? |
| OLIVIER | Elle adore le cinéma. Elle aime aussi lire et écouter de la musique. Et ce matin, elle m'a dit[2] : «Il me faut une calculatrice pour les maths et un livre pour le latin.» C'est sûr, c'est elle! |
| CHLOE | Elle a latin avec toi à dix heures? |
| OLIVIER | Oui, mais pas espagnol. Zut! J'ai espagnol à onze heures et j'avais[3] mon sac avec moi. Alors, ce n'est pas elle. C'est Xavier Blanc. En sport, il m'a dit : «Je voudrais des baskets blanches et un sweat-shirt rouge comme les tiens[4].» |
| MORGANE | C'est sûrement lui[5], alors. |

. . . . . . . . . . . . . . . . . . . . . . . . . . . . . . . . . . . . . . . . . . . .

**1** something else   **2** told me   **3** I had   **4** yours   **5** him

**Chapitre 3**   **23**

---

### Pendant la lecture

**F.** What does Olivier have in his backpack for math class?

**G.** What color are his gym shorts?

**H.** What kind of magazine does he have?

**I.** Whom does Olivier suspect?

**J.** Why does Olivier think she stole his backpack?

**K.** Who else is a suspect? Why?

**L.** What do you think happened to Olivier's backpack?

Le téléphone sonne. C'est la mère d'Olivier qui appelle. Quand Olivier raccroche[1], il est tout rouge.

**M.** Who found Olivier's backpack?

**N.** Where was the backpack?

**O.** What really happened to Olivier's backpack?

| | |
|---|---|
| JULIEN | Qu'est-ce qui se passe? |
| OLIVIER | Euh… ben… Xavier Blanc n'a pas volé mon sac à dos. M. Girard, le prof de français, a trouvé[2] mon sac à dos dans la salle d'étude. |
| CHLOE | Dans la salle d'étude? Mais, tu vois! Je savais[3] qu'il n'y avait[4] pas de voleur! |
| OLIVIER | Euh… oui. Je me rappelle maintenant. J'ai fait[5] mes devoirs de maths dans la salle d'étude après le cours de sport. J'ai oublié mon sac là-bas[6]. |
| MORGANE | On a fait tout ce tralala pour rien. |
| JULIEN | Oh! Avec Olivier, ça ne m'étonne pas! |

Les quatre amis rient[7].

. . . . . . . . . . . . . . . . . . . . . . . . . . . . . . . . . . . . . . . . . . . . . . . . . . . . .

**1** hangs up   **2** found   **3** I knew   **4** there wasn't   **5** I did   **6** there   **7** laugh

## *Après la lecture*
# Activités

## 1 Le bon choix
Complete the following sentences with the most appropriate answers.

1. Le sac à dos d'Olivier est _____.
   a. blanc et noir
   b. bleu et vert
   c. vert et blanc

2. Olivier a cours de _____ le jeudi.
   a. biologie, français, maths et sport
   b. biologie, espagnol, maths et latin
   c. biologie, histoire, latin et chimie

3. Olivier a étudé _____.
   a. après le cours de sport
   b. après le cours de maths
   c. après le cours de français

4. M. Girard a trouvé le sac à dos _____.
   a. dans la salle de maths
   b. dans la salle d'étude
   c. dans le gymnase

## 2 Quelle est l'expression?
In *L'Enquête du club des quatre,* the friends use words and expressions that are very common in French conversations. Complete the sentences below, using one of the words or expressions from the boxes.

1. — On a sport maintenant.
   — Ah non! Je n'ai pas mes baskets! _____!

2. — Matthieu, tu n'as pas tes devoirs?
   — Non, _____ mes devoirs à la maison.

3. — Qu'est-ce que tu as dans ton sac à dos?
   — J'ai des livres, des cahiers et une trousse.
   Voilà. _____.

4. — Est-ce que tu as un jean?
   — Un jean? Oui, _____!

5. — Ça va, Anne?
   — Pas terrible!
   — Pourquoi? _____

6. — Claire, tu as mon dictionnaire?
   — Non, mais Serge aussi, il cherche son
   dictionnaire. Il y a peut-être _____.

7. — J'ai trouvé ta calculatrice dans la cantine.
   — Ah oui… _____ maintenant.
   J'ai fait mes devoirs d'algèbre à la
   cantine à midi.

j'ai oublié

bien sûr

C'est tout.

un voleur

Zut!

Je me rappelle

Qu'est-ce qui se passe?

## 3 Au cas où...

Now, just in case you find yourself in the same situation as Olivier, you might want to be prepared! Make a list of the items you usually have in your backpack. Include the number and color of each item. At the bottom of the form, list any non-school-related items you have in your backpack.

| Cours | Fournitures |
|---|---|
| | |
| | |
| | |
| | |
| Mes autres affaires : | |

## 4 Une autre conclusion

Write a different ending to the mystery of Olivier's missing backpack. Write a mini-dialogue by filling in the speech bubbles for each of the teenagers. One of them tells what happened and the others react to it.

## Avant la lecture

# J'ai vu...

### Activités

**A.** **Tu te rappelles?** Can you recite the rest of these famous nursery rhymes?

**1.** Little Miss Muffett, sat on her tuffet . . .

**2.** Hey, diddle, diddle, the cat and the fiddle . . .

**3.** Little Jack Horner, sat in a corner . . .

**B.** Why do you think children enjoy these and other nursery rhymes so much?

## J'ai vu[1]

Un poisson[2] marron
Qui mangeait un bonbon…
Ah bon! Ah bon!
J'ai vu
Un poisson bleu
Qui mangeait des œufs…
Ah bon! Ah bon!
J'ai vu
Un poisson violet
Qui mangeait du poulet…
Ah bon! Ah bon!
J'ai vu
Un poisson vert
Qui mangeait un courant d'air[3]…
Ah bon! Ah bon!
J'ai vu
Un poisson blanc
Qui mangeait la pluie[4] et le temps[5]…
Ah non! Ah non!
Pour jouer[6] je veux[7] du temps[8]!

©Ihab Shaker

**A.** What color is the first fish?

**B.** What is the blue fish eating?

**C.** What color is the third fish?

**D.** Which fish is eating a draft of air?

**E.** What is the last fish eating?

**F.** What play on words does the poet use in the last line?

**1** I saw   **2** fish   **3** draft of air   **4** rain   **5** weather   **6** to play   **7** I want   **8** time, weather

**Chapitre 3**   **27**

# *Après la lecture*
# Activités

**1** **En paires**

Match each fish with the image of what it is eating in *J'ai vu...*

1. le poisson violet

a.

2. le poisson blanc

b.

3. le poisson marron

c.

4. le poisson vert

d.

5. le poisson bleu

e.

**2** **L'intrus**

Circle the word in each list that does not belong. Then, tell what the remaining words have in common.

1. poisson
   poulet
   marron
   _____
   _____

2. bonbon
   jouer
   œufs
   _____
   _____

3. pluie
   temps
   j'ai vu
   _____
   _____

4. bleu
   violet
   poisson
   _____
   _____

## 3 ◆ À toi

What else could the fish in the poem *J'ai vu...* have been eating? Anything. . . as long as it rhymed! Create a new version of the poem. Then, draw illustrations that show the fish eating the new objects.

### J'ai vu...

J'ai vu
Un poisson marron
Qui mangeait un (1) _____

Ah bon! Ah bon!
J'ai vu
Un poisson noir
Qui mangeait une (2) _____

Ah bon! Ah bon!
J'ai vu
Un poisson violet
Qui mangeait un (3) _____

Ah bon! Ah bon!
J'ai vu
Un poisson vert
Qui mangeait un (4) _____

Ah bon! Ah bon!
J'ai vu
Un poisson blanc
Qui mangeait un (5) _____

Ah non! Ah non!
Pour lire, je veux un (6) _____!

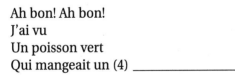

# Un peu plus...

## Note culturelle

Blue, white, and red are the three colors of the French flag. However in international sport events like the Olympics, all the French teams wear blue. During the soccer World Cup, French supporters yell **"Allez les Bleus"** in the stadiums. A few other soccer teams are also associated with colors. If you hear someone talk of the team from Saint–Etienne, you will hear them being referred to as **"les Verts"**. The team from Nantes is called **"les Canaris"** because of the yellow color of their jerseys.

Are American teams often associated with the colors they wear?

## 1 Les couleurs

Elise needs to finish her drawing for art class. She has black, white, yellow, red, and blue paint. Tell her what colors she needs to mix in order to get the other colors.

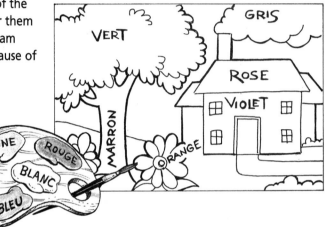

## 2 En paires

Match the following French idioms with their English counterparts.

| | |
|---|---|
| 1. **Voir rouge** | a. To be green with envy |
| 2. **Avoir la main verte** | b. To give a hollow laugh |
| 3. **Etre dans le rouge** | c. A great cook |
| 4. **Rire jaune** | d. To see red |
| 5. **Avoir une peur bleue** | e. To have a green thumb |
| 6. **Etre vert(e) d'envie** | f. To be scared to death |
| 7. **Un cordon bleu** | g. To be in the red |

## 3 Proverbe

*La nuit tous les chats sont gris.*

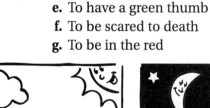

# Chapitre

# 4 *Avant la lecture*
## Le Club des quatre
## à la Maison des jeunes

**Chapitre 4**
Le Club des quatre
à la Maison des
jeunes . . . . . . . . . 32
Le Sport au
Québec . . . . . . . . 37

**Stratégie**

**Using text organizers** In a text selection that presents a lot of material, text organizers can help you present, label, categorize, and summarize information to make it clearer and easier to understand. As you read *Le Club des quatre à la Maison des jeunes,* create a chart like the one below to help you organize the information presented.

|  | Activités qu'il/elle aime | Activités qu'il/elle n'aime pas |
|---|---|---|
| Claire |  |  |
| Chloé |  |  |
| Julien |  |  |
| Morgane |  |  |
| Olivier |  |  |

What do you think the text is about based on the chart above?

# Note culturelle

The **Maison des jeunes et de la culture** is a recreational center where teenagers, as well as adults, can gather to do various activities. These centers provide access to activities and events like concerts, conferences, classes, workshops, and so on, free of charge or at a very low price.

## Activité

**Et dans ta ville?** Are there places in your community where teenagers can socialize and do fun activities? Do you and your friends go to these places? Why or why not? Are they similar to a **Maison des jeunes?**

# Le Club des quatre à la Maison des jeunes.

Les quatre amis, Olivier, Chloé, Julien et Morgane, sont à la Maison des jeunes de leur ville, Monfort.

**A.** Why does Claire go to the **Maison des jeunes**?

Claire, elle, est nouvelle à Montfort et elle veut faire la connaissance d'autres jeunes de son âge. Elle va à la Maison des jeunes pour savoir[1] quelles activités y sont offertes. Elle entre[2] par hasard dans le laboratoire de photographie où Chloé est en train de[3] développer ses photos...

**B.** What is Chloé doing when she meets Claire?

CHLOE    Bonjour. Je m'appelle Chloé, et toi?

CLAIRE    Je m'appelle Claire. Qu'est-ce que tu fais?

CHLOE    Je développe mes photos.

Olivier arrive avec Morgane et Julien. Chloé présente Claire.

CLAIRE    Elles sont super, tes photos! Tu en fais souvent?

CHLOE    Oui, deux ou trois fois par semaine. J'adore ça, la photographie.

**C.** How often does Chloé do photography?

CLAIRE    Vous faites tous de la photographie?

JULIEN    Non, Chloé seulement[4]. Moi, je fais de la vidéo.

CLAIRE    Et toi, qu'est-ce que tu aimes faire?

. . . . . . . . . . . . . . . . . . . . . . . . . . . . . . . . . . . . . . . . . . . . . . . .

**1** to find out, to know    **2** enters    **3** in the process of    **4** only

**MORGANE**  Moi, je préfère le sport. Je fais de la natation l'été et quelquefois du ski pendant les vacances d'hiver. Je fais aussi du théâtre ici, le week-end.

**CLAIRE**  Ah oui? J'aime bien le théâtre.

**MORGANE**  Alors, si tu veux[1], tu peux venir[2] samedi à onze heures. On se retrouve[3] dans la salle d'aérobic.

### Pendant la lecture

**D.** What does Morgane like to do?

**E.** What does Morgane invite Claire to do?

**CLAIRE**  D'accord. Bonne idée. Et toi, Olivier, qu'est-ce que tu fais pour t'amuser?

**OLIVIER**  Moi, je joue souvent au basket. C'est mon sport préféré. Je suis dans l'équipe[4] de l'école et je joue aussi ici le soir.

**CLAIRE**  Tous les soirs?

**OLIVIER**  Non, de temps en temps seulement. Et toi, Claire, tu aimes le sport?

**CLAIRE**  Pas tellement. Je fais quelquefois du jogging, mais pas en hiver. Il fait trop froid! J'aime bien aussi faire du roller de temps en temps. Ce que je préfère, c'est faire de la vidéo, comme Julien.

**F.** What does Olivier like to do?

**G.** What activities does Claire like to do?

- - - - - - - - - - - - - - - - - - - - - - - - - - - - - - - - - - - - -

**1** want  **2** to come  **3** we meet  **4** team

**H.** The word **ensemble** is a cognate. What is a musical *ensemble*? What do you think **ensemble** means?

**I.** What activity do the friends agree to do together? When?

**J.** Is Claire going to play tennis too?

JULIEN   Dites[1], les copains, si on faisait[2] quelque chose ensemble samedi? Il fait beau en ce moment. On pourrait[3] faire du vélo dans le parc. Ça vous dit?

CHLOE   Samedi ? Désolée, je ne peux pas. Je fais du patin à glace avec ma famille.

JULIEN   Et dimanche, ça te va?

CHLOE   Oui, dimanche, je ne fais rien de spécial.

MORGANE   Pour moi aussi, dimanche, ça va. Mais moi, le vélo, ça ne me dit rien.

OLIVIER   Alors, on peut peut-être jouer au tennis?

MORGANE   Oui. Ça, c'est vraiment une bonne idée!

CHLOE   Je trouve aussi. Alors, on se retrouve à quelle heure?

OLIVIER   Vers onze heures, dimanche matin?

JULIEN   D'accord. Est-ce que tu veux venir, Claire?

CLAIRE   Oui, je veux bien. Pas pour jouer au tennis mais pour faire une vidéo de votre match.

OLIVIER   Excellente idée. Alors, à dimanche.

JULIEN   Salut.

CHLOE   A dimanche.

---

**1** Say   **2** What about doing   **3** We could

# *Après la lecture*
# Activités

### Puzzle

Solve the puzzle to find the sports that the five teenagers in the
reading selection like to practice. Use the clues provided to decode
the rest of the sports.

| 1 | 2 | 3 | 4 | 5 | 6 | 7 |
|---|---|---|---|---|---|---|
| A | E | R | O | B | I | C |

8   2   9   4
—   —   —   —

3   4   9   9   2   3
—   —   —   —   —   —

10  11   6
—   —   —

5   1   10  11   2   12
—   —   —   —   —   —

12   2   13  13   6   10
—   —   —   —   —   —

16   4   15  15   6   13  15
—   —   —   —   —   —   —

14   1   12   6   13   1   15   9   1   7   2
—   —   —   —   —   —   —   —   —   —   —

### Sports et activités

Use the information in the text organizer you created before you started the
reading to make a new chart. List all the activities the teenagers like to do and
indicate what season one can practice each sport.

### Une Maison des jeunes

Imagine that you had unlimited funds to build your own **Maison des jeunes.** What
kinds of activities would teenagers be able to do there? Draw the floor plan for your
**Maison des jeunes** on a separate sheet of paper. Label each room and area with the
activity or activities that can be done there.

## Avant la lecture
# Le Sport au Québec

## Vocabulaire

In this reading selection, you are going to find out about some sports played in Quebec. Some of the sports may be quite different from those you are used to. Remember, don't get bogged down by every single word. Instead, see if you can get a general idea of how each game is played. Here are some new words you will find in this reading.

**transporter** *to carry*

**le bâton** *stick*

**l'anneau** *ring* (m.)

**le balai** *broom*

**le joueur/la joueuse** *player*

**pousser** *to push*

**le but** *goal*

**la patinoire** *skating rink*

Looking at the vocabulary above, can you think of sports or games that could be described with those words?

## Activités

**A** ▸ **Sports régionaux** For each sport below, name a state in the United States where you would be most likely to participate in that sport, and a state where you would not be likely to participate in that sport.

1. surfing
2. snowboarding

4. scuba diving
3. mountain climbing

**B** ▸ **Dis-moi!** Are there any sports or activities that are unique to your area? Why do you think that sport or activity is popular in your area?

# Le Sport au Québec

Les Québécois aiment et pratiquent de nombreux sports : ski, hockey, natation, football et basket-ball sont parmi les plus populaires. Toutefois, en raison du climat rude et glacial[1] du Québec, les sports d'hiver sont très appréciés des Québécois.

Le hockey est leur sport favori et ici tout le monde[2] connaît[3] l'équipe de hockey sur glace de Montréal, les «Canadiens».

Il y a aussi au Québec deux sports qu'on ne pratique pas beaucoup ailleurs[4] : le ballon-balai et la ringuette.

Le ballon-balai ou ballon sur glace, se pratique, comme son nom l'indique, avec un ballon et un balai et se joue sur une patinoire. Chaque équipe se compose de cinq joueurs et d'un gardien de but[5]. Comme pour le hockey, les joueurs d'une équipe doivent[6] pousser le ballon dans le but de l'autre équipe. Aussi bien les garçons que les filles jouent au ballon-balai et c'est un sport très populaire dans les écoles du Québec.

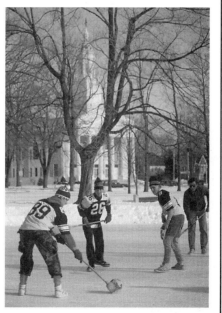

## Pendant la lecture

**A.** Why are so many sports played on ice in Quebec?

**B.** What are some of the sports that are popular in Quebec?

**C.** What is special about the games **ballon-balai** and **ringuette**?

**D.** How is **ballon-balai** similar to hockey?

---

**1** freezing  **2** everybody  **3** knows  **4** elsewhere  **5** goal keeper  **6** must

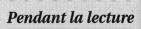

# Le Sport au Québec

E. What is the advantage of **ringuette** as a sport?

F. What equipment is used to play **ringuette**?

G. How many players are there in each team?

H. How is **ringuette** different from ice hockey?

La ringuette est également très populaire au Québec; c'est un sport qui a été créé[1] spécialement pour les femmes. C'est un sport non-violent où tout contact physique est interdit[2]. Et un autre de ses avantages, c'est qu'il permet aux athlètes de pratiquer cette activité tout au long de leur vie. La ringuette se joue avec un bâton et un anneau sur une patinoire. Chaque équipe se compose de cinq joueuses et d'une gardienne de but. La gardienne de but a un bâton rouge, les joueuses du centre ont un bâton blanc et les autres joueuses ont un bâton bleu. Le jeu consiste pour les joueuses d'une équipe à mettre l'anneau dans le but de l'autre équipe. Ce jeu ressemble au hockey sur glace mais il se joue avec un anneau au lieu d'un palet[3].

**1** was created  **2** forbidden  **3** puck

## *Après la lecture*
# Activités

## 1 ▸ Vrai ou faux?

Lis les phrases suivantes. Est-ce qu'elles sont vraies ou fausses?

| vrai | faux | |
|:---:|:---:|:---|
| ☐ | ☐ | **1.** On ne joue pas au football au Québec. |
| ☐ | ☐ | **2.** On joue au ballon-balai avec un anneau. |
| ☐ | ☐ | **3.** Il y a huit personnes dans une équipe de ballon-balai. |
| ☐ | ☐ | **4.** La ringuette est un sport aussi bien pour les garçons que pour les filles. |
| ☐ | ☐ | **5.** A la ringuette, la gardienne de but a un bâton rouge. |
| ☐ | ☐ | **6.** Les joueuses de ringuette ont des bâtons jaunes et bleus. |
| ☐ | ☐ | **7.** Au Québec, il fait froid en hiver. |

## 2 ▸ Mot secret

Complete each sentence with a word from the reading. Unscramble the circled letters to find the "secret" word, and write the sport with which the word is associated.

**1.** On joue au ballon-balai sur une __ __ __ __ ◯ __ __ __ __.

**2.** Les «Canadiens» sont une équipe de __ __ __ __ ◯ __.

**3.** Les joueuses de ringuette doivent mettre un anneau dans le __ ◯ __ de l'autre équipe.

**4.** On fait de la ◯ __ __ __ __ __ __ __ en été au Québec, quand il fait chaud.

**5.** Le hockey, le ballon-balai et la ringuette se jouent sur la __ __ ◯ __ __.

**6.** Le ballon-balai et la ringuette sont deux sports qu'on ne pratique pas beaucoup ◯ __ __ __ __ __ __ __.

The "secret" word is: __ __ __ __ __ __, and it is associated with the sport _____.

## 3 ▸ Exprime-toi!

And what about you?

**1.** What sports or activities do you like to do?

**2.** How long have you been practicing these sports or activities?

**3.** Are there other sports or activities that you would like to try? Why?

# Un peu plus...

## Note culturelle

**Le hockey** est un sport très populaire au Canada. Voici quelques dates importantes dans l'histoire du hockey sur glace :

**1875**   premier match officiel à Montréal

**1893**   création par Lord Stanley, le gouverneur général du Canada, du Dominion Hockey Challenge Trophy qui deviendra la Coupe Stanley

**1908**   création de l'équipe des «Canadiens» de Montréal

**1917**   création de la NHL

**1924**   première participation aux Jeux olympiques d'hiver à Chamonix (France)

**1998**   admission du hockey féminin aux Jeux olympiques de Nagano (Japon)

**1** **En paires**

Match the names of these famous people with the sport or activity for which they are well known.

1. Lance Amstrong
2. Venus Williams
3. Mia Hamm
4. Ansel Adams
5. Michelle Kwan
6. Ian Thorpe

a. le patin à glace
b. la photographie
c. la natation
d. le football
e. le tennis
f. le vélo

**2** **Citation**

Il est idiot de monter une côte à bicyclette quand il suffit de se retourner pour la descendre!

*Pierre Dac*

## Chapitre

# 5

## *Avant la lecture*
## Les Cafés parisiens

**Chapitre 5**
Les Cafés
parisiens . . . . . . . . 42

Les Croissants . . . . 46

**Stratégie**

**Determining the main idea**   A main idea is an opinion, a message, an insight, or a lesson that is the focus of a piece of writing. Some writers directly state their main idea. Others let us infer the idea for ourselves. To find the main idea of a passage, look for key statements that express the writer's opinion. You might want to organize your thoughts by filling out a chart like this:

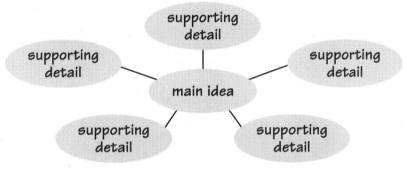

Create a chart like this to fill in as you read *Les Cafés parisiens.*

## Activité

**Réfléchis**  In recent years, there has been an explosion of new coffee shops springing up all over the United States. Do you know of any in your area? Why do you think coffee shops are growing in popularity? What do you do and enjoy most when you go to a café? Are there any new trends in coffee shops?

# Les Cafés parisiens

A. Why do French people go to cafés? Why is going to a café an **art de vivre** for them?

B. What makes **le Café de Flore** a special place?

C. The word **célébrités** is a cognate. What do you think it means?

En France, les cafés ne sont pas seulement des endroits[1] où on va boire un verre quand on a soif. Il y a toute une vie[2] autour du café : on y retrouve ses amis, on parle, on regarde passer les gens[3], on s'amuse, on commente, on critique, on rit[4]. Pour les Français, le café est un art de vivre.

Il y a de nombreux cafés à Paris, certains très célèbres[5], d'autres moins[6]. Ainsi, l'un des cafés parisiens les plus connus[7] est le Café de Flore. Situé à St-Germain, le Café de Flore est réputé pour accueillir les écrivains et autres célébrités. Par exemple, Jean-Paul Sartre et Simone de Beauvoir l'ont fréquenté assidûment pendant des années. Le peintre Picasso était aussi un habitué du Flore.

......................................................................

**1** places  **2** life  **3** people  **4** laughs  **5** famous  **6** less  **7** the most well-known

Le Café des Lilas est un autre café parisien. C'est un petit café moins connu mais qui vaut le déplacement[1]. Il est très représentatif des cafés français en général. Les serveurs sont sympathiques[2] et on y retrouve souvent les mêmes clients. Tout le monde se connaît[3]. La décoration est agréable : il y a des posters de Toulouse-Lautrec qui représentent la vie de café à Paris, des petites tables rondes et une belle terrasse. A la carte, beaucoup de choix[4] à des prix raisonnables : on peut prendre un croque-monsieur, un steak-frites ou un hot-dog; un sandwich au fromage, au jambon ou au saucisson. Comme boissons, le Café des Lilas présente une carte typique des cafés français : expresso, thé, chocolat chaud, eau minérale, jus de fruit, limonade, etc… En bref, un endroit très sympathique à ne pas manquer[5].

Depuis quelques années une nouvelle génération de cafés apparaît : les cybercafés. Ces derniers sont très populaires et permettent à de nombreux Français d'accéder à l'Internet. D'autres cafés à thème apparaissent aussi. Cependant[6] cette tendance n'est pas nouvelle : le Café de Flore étant[7] sans doute le plus connu des cafés littéraires et donc des cafés à thème.

### Pendant la lecture

**D.** How is **le Café des Lilas** different from **Le Café de Flore?**

**E.** How is **le Café des Lilas** decorated?

**F.** What food items are available at **le Café des Lilas?**

**G.** Name three drinks that you can have at **le Café des Lilas.**

**H.** What is the latest trend in cafés?

Que ce soit à l'intérieur en hiver, ou en terrasse l'été, le café est le lieu préféré des Français pour se retrouver et passer un bon moment.

---

**1** worth visiting   **2** nice   **3** knows one another   **4** choice   **5** not to be missed
**6** However   **7** being

## *Après la lecture*
# Activités

**1** ### On est où?
Read the following snippets of conversation. Then, using the information in *Les Cafés parisiens,* decide whether the speaker is more likely at the **Café de Flore** or the **Café des Lilas.** Give reasons for your choice.

Regarde! C'est Gérard Depardieu, n'est-ce pas?

1. _____

Comment s'appelle ce poster de Toulouse-Lautrec?

2. _____

Tu sais, ce café est très célèbre. Tout le monde vient ici!

3. _____

Comment tu trouves ton sandwich au fromage?

4. _____

Bonjour Monsieur Dupont. Un expresso et un croque-monsieur, comme d'habitude?

5. _____

## L'idée principale

What is the main idea of **Les Cafés parisiens?** Write one sentence that captures the essence of this reading. Discuss the main idea of the reading as a class.

## Quel titre?

If you had to choose an English title for the article, which of the following would be the most appropriate? Why?

**a.** Cafés: A Dying Tradition

**b.** The History of the French Café

**c.** Café Life in Paris

**d.** Best-Known Cafés in Paris

## Un petit sondage

What are some things that you consider when you choose to go to a café or to a restaurant? Rank the following reasons from 1–10, with 1 being the most important reason.

\_\_ Les serveurs sont sympatiques.

\_\_ Les célébrités fréquentent ce café.

\_\_ Les prix sont raisonnables.

\_\_ Mes amis fréquentent ce café.

\_\_ La musique est agréable.

\_\_ Les sandwiches sont très bons.

\_\_ Il y a beaucoup de boissons différentes.

\_\_ Il y a une terrasse.

\_\_ La décoration est agréable.

\_\_ La carte est alléchante.

## Projet

Your school is organizing an International Day. Your class has decided to set up a French café corner. Make a list of the things you will need such as furniture, dishes, food, and drink. Decide as a group who will take on different roles: cook, waiter or waitress and so on. Prepare a menu with the price of each item. Be sure to illustrate your menu. You might also research different French recipes and create a cookbook to share with other students in your school.

## Avant la lecture
# Les Croissants

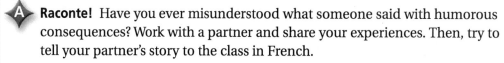

**Activités**

**A**    **Raconte!**   Have you ever misunderstood what someone said with humorous consequences? Work with a partner and share your experiences. Then, try to tell your partner's story to the class in French.

**B**    **Réponds**   Before you read **Les Croissants,** scan the illustrations and answer the questions below.

1. What do you think this reading is going to be about?
2. Can you think of reasons why the customer might be upset with the waiter?
3. What are some reasons why the waiter might get upset with the customer?

# Les Croissants

Vous désirez, Monsieur?

Donnez-moi un café et deux croissants, s'il vous plaît.

Je suis désolé[1], Monsieur, mais nous n'avons pas de croissants.

......................................................................................

**1** I am sorry

A. Who are the two characters in the comic strip?

B. What does the client want to eat?

C. Does the café have croissants?

D. Where does the client say he's going?

1 I am telling you that   2 don't shout   3 young man   4 deaf   5 picky
6 Do you hear?   7 keep

**Chapitre 5**   47

# Activités

## 1 Le bon ordre

Number the following sentences in the correct order according to *Les Croissants.*

\_\_\_\_ Le client commande un thé et deux croissants.

\_\_\_\_ Le client quitte le café.

\_\_\_\_ Le client commande un café et deux croissants.

\_\_\_\_ Le serveur arrive à la table du client.

\_\_\_\_ Le client commande un lait et deux croissants.

## 2 La nourriture

Unscramble the names of these food and drink items from the reading.

**1.** H E T _____

**2.** F A C E _____

**3.** S T I O C S A S R N _____

**4.** T I L A _____

**5.** L O A H T C C O _____

## 3 Chasse l'intrus

Read each question and circle the response that *does not* make sense.

**1.** Vous avez choisi?
   **a.** Je voudrais un hot-dog.
   **b.** Oui, l'addition, s'il vous plaît.
   **c.** Apportez-moi une omelette, s'il vous plaît.

**2.** J'ai faim!
   **a.** Prends une limonade.
   **b.** Prends un steak-frites.
   **c.** Prends une quiche.

**3.** Comment tu trouves ton croissant?
   **a.** Il est bon.
   **b.** Il est barbant.
   **c.** Il est délicieux.

**4.** On va au café?
   **a.** Non, j'ai des trucs à faire.
   **b.** Non, j'ai des courses à faire.
   **c.** Oui, bonne idée. Il me faut une montre.

**5.** Vous prenez, monsieur?
   **a.** J'ai des tas de choses à faire.
   **b.** Je vais prendre des crêpes.
   **c.** Donnez-moi un sandwich au jambon.

**4** **As-tu compris?**

1. Qu'est-ce que le client commande en premier? Est-ce qu'il l'obtient?
2. Pourquoi est-ce que le client change sa commande?
3. Pourquoi est-ce que le serveur n'est pas content?
4. Que penses-tu de la phrase du client «Je ne suis pas sourd»?
5. Pourquoi est-ce que le client quitte le café?

**5** **A toi!**

Imagine a situation that is opposite to the one you just read: a customer tries to order something to eat and drink and the server misunderstands him or her. Write this conversation in French by filling in the speech bubbles.

# Un peu plus...

## Note culturelle

Unlike American coffee shops, French cafés do not have large selections of coffee; most of the time they just serve a **noir,** an **expresso,** a **crème,** or a **cappucino.** However, French cafés serve a large variety of cold beverages such as soft drinks, juices, and specialty drinks.

**1** ### Devine!

Each of these clues corresponds to one syllable of the word you have to guess.

**1.** Mon premier est un impératif de lire.

**2.** Mon second est la première partie du nom donné à un tableau célèbre de Léonard de Vinci.

**3.** Mon troisième est une article partitif.

Mon tout est une boisson : _ _ _ _ _ _ _ _ _

**2** ### Proverbe

L'appétit vient en mangeant.

# 6 *Avant la lecture*
# Un jeune Américain à Paris

**Chapitre 6**
Un jeune Américain
à Paris . . . . . . . . . 52

Le Cinéma : les jeunes
l'aiment . . . . . . . . 56

**Stratégie**

**Using chronology** Most texts follow a chronological order—that is, they show events unfolding in the order in which they occur. Analyzing the chronological order of a text reveals the ways in which writers organize and present ideas, as well as the purpose of a text. As readers, we identify and understand the order of events in a text by analyzing the text's structure.

## Activités

**A** **Le bon ordre** Can you reorganize the following sentences in chronological order?

__ Après le dessert, les amis donnent le nouveau CD de Vanessa Paradis à Claire.

__ Vendredi, les amis vont acheter du coca et des pizzas pour la fête de Claire.

__ Avant de dormir, les trois amies veulent regarder un vieux film avec Jean Gabin.

__ Lundi, les amis de Claire décident de lui faire une surprise pour son anniversaire.

__ Claire et ses amis mangent de la glace au chocolat avec le gâteau d'anniversaire[1].

__ Après la fête, Clémentine et Julie invitent Claire à dormir chez elles.

__ Samedi, tous les amis de Claire sont chez Romain quand elle arrive.

__ Mercredi, Romain téléphone à Claire pour l'inviter chez lui samedi.

__ Claire, Clémentine et Julie regardent *La Grande Illusion* avec Jean Gabin.

**B** **Une semaine à Paris** Tu es à Paris et tu as une semaine pour explorer la ville. Quel est ton emploi du temps? Raconte ce que tu fais, ce que tu vois et où tu vas, dans un ordre chronologique.

---

**1** birthday cake

# Un jeune Américain à Paris

A. Where does Dylan live?

B. How long has he been studying French?

C. What two places does Dylan go to?

D. Where does the guided tour begin?

E. Whom does he meet at the museum?

F. Where do the two teenagers go from the museum?

G. What do Charlotte and Dylan order at the café?

Dylan est un Américain de seize ans qui habite à San Francisco. Il étudie le français depuis deux ans. Cet été, il est en vacances à Paris, chez sa tante[1] Camille. Ce matin, après une longue promenade dans le jardin des Tuileries, il a décidé d'aller au musée du Louvre. Quand il arrive, il y a une visite guidée qui commence[2] dans les salles des antiquités égyptiennes[3]. Il adore la civilisation égyptienne et il décide de suivre[4] cette visite. Quel spectacle! Il s'arrête[5] longtemps devant le grand Sphinx et devant le Scribe accroupi[6]. Il admire les bijoux[7] de Ramsès II. C'est là qu'il rencontre[8] Charlotte, une jeune Française de quinze ans. Ils discutent et continuent la visite ensemble. Deux heures plus tard, ils sortent du musée.

DYLAN    Tu n'as pas soif?

CHARLOTTE    Si. Tu veux aller boire quelque chose? Il y a un café près du musée. Allons-y!

Au café : un serveur arrive.

LE SERVEUR    Vous désirez?

CHARLOTTE    Je vais prendre un jus d'orange. Et toi?

DYLAN    Moi, un coca avec beaucoup de glaçons, s'il vous plaît.

Le serveur part.

-------------------------------------------------------------------

**1** aunt   **2** starts   **3** in the Egyptian antiquities section   **4** to follow   **5** stop   **6** seated
**7** jewels   **8** meets

| | |
|---|---|
| DYLAN | Qu'est-ce que tu fais ce soir? |
| CHARLOTTE | Rien de spécial. |
| DYLAN | Tu voudrais aller voir un match de foot avec moi? |
| CHARLOTTE | Bof, je n'aime pas trop le sport. Et le foot, c'est pas mon truc! |
| DYLAN | Alors, on pourrait[1] aller au théâtre? |
| CHARLOTTE | Ça, c'est une bonne idée. Si on allait voir *Le Malade imaginaire* de Molière? |
| DYLAN | Pourquoi pas. |
| CHARLOTTE | *Le Malade imaginaire* se joue à l'Odéon* en ce moment. Si ça te dit, on peut téléphoner pour savoir s'il y a encore des places. |
| DYLAN | Super! Et après, on pourrait aller manger quelque chose. Tu connais un bon restaurant? |
| CHARLOTTE | Oui, je connais un petit restaurant français traditionnel, bon et pas cher. Il s'appelle Le Jardin des Délices et il est tout près du théâtre. |
| DYLAN | D'accord. |

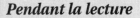

### Pendant la lecture

**H.** What is Charlotte's opinion of soccer?

Charlotte et Dylan vont au théâtre. Dylan achète les billets[2].
Ils entrent dans le hall.

| | |
|---|---|
| CHARLOTTE | N'oublie pas le pourboire pour l'ouvreuse[3]! |
| DYLAN | Pour boire? Elle a soif? |
| CHARLOTTE | Mais non! Le pourboire, c'est de l'argent : un euro, par exemple. |
| DYLAN | Oh! *A tip.* Je comprends... Un pourboire... pour boire... c'est bizarre! Mais pourquoi un pourboire pour l'ouvreuse? |
| CHARLOTTE | Parce qu'elle te montre ta place. |
| DYLAN | C'est bizarre, cette histoire! Bon où est le pop-corn? |
| CHARLOTTE | Le pop-corn?! Mais... il n'y a pas de pop-corn ici! On est au théâtre, pas au cinéma! |

**I.** What do Dylan and Charlotte decide to do in the evening?

**J.** What play are they going to see?

**K.** Why does Charlotte like this restaurant?

**L.** Who buys the tickets?

**M.** Why does Dylan misunderstand the word **pourboire**?

. . . . . . . . . . . . . . . . . . . . . . . . . . . . . . . . . . . . . . . . . .

**1** could   **2** buys the tickets   **3** female usher

*Théâtre à Paris, dans le quartier latin

**Chapitre 6**   **53**

## *Après la lecture*
# Activités

## 1 La visite de Dylan

Dylan is staying with his French aunt Camille in Paris. Complete the conversation between Camille and her neighbor, Nicole, using the words below.

| | | | |
|---|---|---|---|
| américain | lycée | théâtre | habite |
| foot | étudie | promenade | Louvre |

NICOLE    Alors, ton neveu[1] Dylan est québécois?

CAMILLE    Non, il est (1) _____ .

NICOLE    Il parle bien français!

CAMILLE    Oui, c'est parce qu'il (2) _____ le français au (3) _____ .

NICOLE    Il (4) _____ où?

CAMILLE    A San Francisco, en Californie.

NICOLE    Je voudrais bien y aller! J'adore la plage. Et Dylan, qu'est-ce qu'il fait pour s'amuser?

CAMILLE    Oh, il aime jouer au (5) _____ . Et il adore aller au (6) _____ .

NICOLE    Est-ce qu'il aime les musées?

CAMILLE    Oui, beaucoup et il aime aussi les parcs! Ce matin il est allé au musée du (7) _____ et avant, il a fait une (8) _____ dans le jardin des Tuileries.

## 2 La circonlocution

Write down how you would explain what each word means, using only French.

le serveur      le musée      en vacances      le pourboire

## 3 Fais un résumé

Summarize, in five sentences, the selection you just read. Compare your summary with that of another classmate. Have you both mentioned the same elements of the story? Rewrite the summary in chronological order, incorporating both of your sentences.

. . . . . . . . . . . . . . . . . . . . . . . . . . . . . . . . . . . . . . . . . . . . . . . . . . . . . . . . . . . . . . . . . . . . . . . . . . . .

**1** nephew

## Avant la lecture
# Le Cinéma :
# les jeunes l'aiment

## Vocabulaire
The text *Le Cinéma : les jeunes l'aiment* is about movie theaters and films in France.
Here are some new words and expressions to help you with the reading.

| | | | |
|---|---|---|---|
| **l'augmentation** (f.) | *increase* | **l'utilisateur** (m.) | *user* |
| **l'écran** (m.) | *screen* | **autant de fois que** | *as many times as* |

**16 ans :** «Depuis que j'ai une carte UGC*, je vais au moins une fois par semaine au ciné. Je vais aussi plus facilement voir des films que je n'aurais pas été voir[1] avant.»

**Vincent**

**17 ans :** «J'adore le ciné. Je vais tout voir ou presque[3]… je n'ai pas toujours le temps à cause du lycée. Je loue aussi beaucoup de K7[4] et depuis que mes parents ont acheté un lecteur DVD à Noël, j'achète des DVD. Les DVD, ça c'est génial, surtout ceux qui ont des bonus comme le *making of* du film ou le choix de la langue…»

**Aurélie**

**15 ans :** «J'aime le cinéma français, mais de temps en temps il se prend[2] un peu trop au sérieux. J'adore Brad Pitt, alors je vais voir tous ses films.»

## Activités

**A** **Et toi?** Do you go to the movies often? What kinds of movies do you like to see? Do you have a favorite actor or actress? Compare your answers with the answers of the three teenagers above.

**B** **Le ciné en France** Why do you think that young people in France can afford to go to the movies so often? Do theaters in your area offer special discounts or passes?

. . . . . . . . . . . . . . . . . . . . . . . . . . . . . . . . . . . . . . . . . . . . . . . . . . . . . . . . .

**1** I would not have seen   **2** takes itself   **3** almost   **4** video cassettes (*K7*-cassettes)

*La carte UGC est vendue par les cinémas UGC. C'est une carte mensuelle pas trop chère qui donne à son utilisateur un accès illimité à toutes les salles UGC pendant un mois.

A. How many young people go to the movies each year?

B. How many movies does a teenager see per year on average?

C. What has contributed to the increase in the number of moviegoers?

D. What is a **film en V.O.**?

E. Where are art films screened?

F. How much is the **carte de cinéma**?

G. According to this article, what kinds of movies do teens prefer?

H. Which was the most popular movie in France in 1993? In 1999?

# Le Cinéma : les jeunes l'aiment

Depuis[1] quelques années, la fréquentation[2] des salles de cinéma est en constante augmentation. Et les jeunes y sont pour quelque chose! Plus de 6,5 millions des 15–25 ans vont au cinéma chaque année. C'est aussi ces 15–25 ans qui voient le plus de films avec une moyenne de 8 films par an.

Cette augmentation de la fréquentation des salles de cinéma est facilitée par la création de multiplex, style américain : grands halls d'accueil, concessions de boissons, pop-corn, écrans géants… Et surtout, un choix important de films, avec 10 ou 12 salles et une excellente qualité technique qui font la différence. Les jeunes constituent 45% du public de ces multiplex. Mais les petites salles indépendantes existent encore[3]. Elles montrent souvent des films d'art ou en V.O., qui attirent[4] de plus en plus.

Les jeunes sont aussi les premiers utilisateurs de la carte UGC ou du pass Gaumont-MK 2. Ces cartes permettent d'aller au cinéma autant de fois que l'on veut pour 14,94 euros par mois. Grâce à[5] l'accès illimité qui leur est proposé, les jeunes sont plus curieux. Cependant, le succès d'un film va souvent dépendre du «bouche à oreille»[6]. Si les jeunes préfèrent encore les films d'aventures ou fantastiques

avec de bons effets spéciaux, typiques du cinéma américain, ils aiment aussi voir des films qui ont une bonne histoire et qui sont proches[7] de leur vie de tous les jours. Même si[8] le cinéma américain est encore prédominant, le cinéma français va bien et les jeunes l'apprécient. En 1993, par exemple, le film *Les Visiteurs* (1993) a attiré 14 millions de spectateurs et est passé devant le blockbuster américain *Jurassic Park*. En 1999, c'est *Astérix et Obélix contre César* qui a pris la première place au box-office devant *Tarzan, Matrix et Star Wars : la Menace fantôme*. Ainsi, les habitudes des jeunes vis-à-vis du cinéma français lui promettent encore de beaux jours.

---

**1** For  **2** the number of people going to  **3** still  **4** attract  **5** thanks to  **6** by word of mouth  **7** close to  **8** even if

# *Après la lecture*
# Activités

**1** ### Compréhension

**1.** Quels sont les différents facteurs qui ont permis d'augmenter le nombre d'entrées au cinéma? Cites-en au moins deux.

**2.** Qu'est-ce qu'un multiplex?

**3.** La carte UGC et le pass Gaumont-MK-2, qu'est-ce que c'est?

**4.** Qu'est-ce qui fait le succès d'un film?

**5.** Qu'est-ce qui est typique des films américains? Et des films français?

**2** ### Cinéma français, cinéma américain

According to the reading, tell whether the following statements would apply more to French movie goers (F), to American movie goers (A), or both (B).

___ **1.** Les jeunes voient en moyenne 8 films par an.

___ **2.** Les multiplex attirent de plus en plus de monde parce qu'ils offrent plus de choix.

___ **3.** Il y a encore de nombreuses salles de cinéma indépendantes qui montrent des films d'art ou des films en version originale.

___ **4.** Beaucoup de jeunes possèdent une carte de cinéma.

___ **5.** Les jeunes aiment le films d'aventures et les films avec des effets spéciaux.

___ **6.** Les jeunes aiment le pop-corn.

___ **7.** Il y a des salles avec des écrans géants partout.

___ **8.** Les jeunes aiment aussi les films avec une bonne histoire.

**3** Have you ever seen a French movie (or a foreign movie with subtitles)? Which one? Did you enjoy it? How different was it from an American movie? Would you see more foreign movies if they were dubbed in English instead of being shown with English subtitles?

# Un peu plus...

## Note culturelle

In France, there are several kinds of movie theaters. The larger theaters tend to mostly show new releases, both French and American. Smaller theaters, often called **les cinémas d'art et d'essai,** show old movies, foreign films, experimental films, and small-budget films. In addition to these two, universities often have **un ciné-club** where students can see various movies at discount prices. As in the U.S., discount tickets are offered at certain times to the general public, and on a regular basis to students and seniors.

**1** **Deux par deux**

Do you know that many American movies are remakes or adaptations of French movies? Guess the American remakes of the French movies listed below. Can you think of older American movies that were recently remade?

1. Les Visiteurs
2. Le Retour de Martin Guerre
3. Trois hommes et un couffin
4. Cyrano de Bergerac
5. Le Grand Blond avec une chaussure noire

a. Three Men and a Baby
b. Roxanne
c. The Man with One Red Shoe
d. Just Visiting
e. Sommersby

**2** **Expression**

*La culture c'est comme la confiture.*
*Moins on en a, plus on l'étale!*

- **Chapitre**

# 7 *Avant la lecture*
# La Cantatrice chauve

**Chapitre 7**
La Cantatrice
chauve . . . . . . . . . 60

Histoires drôles . . . 65

**Stratégie**

**Interroger le texte** Qu'ils lisent un article de journal ou un texte littéraire, les bons lecteurs se posent des questions. En lisant *La Cantatrice chauve,* interroge-toi sur le sujet de la pièce, les personnages, la mise en scène et le dialogue. Note ce qui te semble important, intéressant ou bizarre.

## Activité

**Tu connais?** Tu as certainement rencontré beaucoup de personnes, garçons ou filles, qui ont le même nom. Fais une liste des «Jamie» que tu connais. Comment est-ce que tu peux les distinguer? Et s'il y en a plusieurs dans la même famille, comment fais-tu?

Mais au fait, qui est Jamie? Une fille, un garçon, un homme, une femme?

Complète les phrases suivantes :
1. Jamie est le père de Virginie, c'est...
2. Jamie est étudiant, c'est...
3. Jamie est ma grand-mère, c'est...
4. Jamie est blonde, c'est...

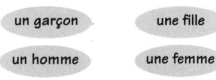

un garçon    une fille

un homme    une femme

# Note culturelle

Les auteurs dramatiques du théâtre de l'absurde traitent du vide de l'existence. Dans leurs pièces, les personnages ne parlent pas vraiment de ce vide, mais ils essaient de nous le faire ressentir. Eugène Ionesco a été un des fondateurs du théâtre de l'absurde dans les années cinquante avec sa première pièce, *La Cantatrice chauve.* Dans cette pièce, ce n'est pas l'intrigue mais le langage qui est important.

**Chapitre 7** **59**

# La Cantatrice chauve

**A.** Pourquoi est-ce que Monsieur Smith corrige Madame Smith quand elle dit «La pauvre Bobby»?

**B.** A quel premier signe est-ce que l'on voit que le dialogue va être bizarre?

## SCENE PREMIERE

[...]

M. SMITH, *toujours dans son journal.*
Tiens, c'est écrit que Bobby Watson est mort[1].

[...]

MME SMITH
La pauvre Bobby.

M. SMITH
Tu veux dire « le » pauvre Bobby.

MME SMITH
Non, c'est à sa femme que je pense[2]. Elle s'appelait comme lui, Bobby, Bobby Watson. Comme ils avaient le même nom, on ne pouvait pas les distinguer l'un de l'autre quand on les voyait ensemble. Ce n'est qu'après sa mort à lui qu'on a pu[3] vraiment savoir qui était l'un et qui était l'autre.

[...]

M. SMITH
Je ne l'ai vue qu'une fois, par hasard, à l'enterrement[4] de Bobby.

MME SMITH
Je ne l'ai jamais vue. Est-ce qu'elle est belle?

M. SMITH
Elle a des traits réguliers et pourtant on ne peut pas dire qu'elle est belle. Elle est trop grande et trop forte. Ses traits ne sont pas réguliers et pourtant on peut dire qu'elle est très belle. Elle est un peu trop petite et trop maigre[5]. Elle est professeur de chant.

[...]

M. SMITH
Elle est encore jeune. Elle peut très bien se remarier[6].[...]

MME SMITH
Mais qui prendra soin des enfants ? Tu sais bien qu'ils ont un garçon et une fille. Comment s'appellent-ils ?

. . . . . . . . . . . . . . . . . . . . . . . . . . . . . . . . . . . . . . . . . . . . . . . . . . . . . . .
**1** dead   **2** I'm thinking of   **3** one was able to   **4** burial   **5** skinny   **6** remarry

## M. SMITH
Bobby et Bobby, comme leurs parents. L'oncle de Bobby Watson, le vieux[1] Bobby Watson, est riche et il aime le garçon. Il pourrait très bien se charger de[2] l'éducation de Bobby.

## MME SMITH
Ce serait[3] naturel. Et la tante de Bobby Watson, la vieille Bobby Watson, pourrait très bien, à son tour, se charger de l'éducation de Bobby Watson, la fille de Bobby Watson. Comme ça[4], la maman de Bobby Watson, Bobby, pourrait se remarier. Elle a quelqu'un en vue?[5]

## M. SMITH
Oui, un cousin de Bobby Watson.

## MME SMITH
Qui ? Bobby Watson.

## M. SMITH
De quel Bobby Watson parles-tu?

## MME SMITH
De Bobby Watson, le fils du vieux Bobby Watson, l'autre oncle de Bobby Watson, le mort.

## M. SMITH
Non, ce n'est pas celui-là, c'est un autre. C'est Bobby Watson, le fils de la vieille Bobby Watson, la tante de Bobby Watson, le mort.

## MME SMITH
Tu veux parler[6] de Bobby Watson, le commis voyageur[7]?

## M. SMITH
Tous les Bobby Watson sont commis voyageurs.

[...]

---

**1** old   **2** to take care of   **3** It would be   **4** That way   **5** someone in mind   **6** You mean
**7** traveling salesman

### Pendant la lecture

**C.** Qui pourrait se charger du fils de Bobby Watson?

**D.** Qui pourrait se charger de la fille de Bobby Watson?

**E.** Avec qui est-ce que Madame Watson pourrait se remarier, d'après Monsieur Smith?

**F.** Pourquoi est-ce que la dernière ligne est drôle?

## Après la lecture
# Activités

**1** **Phrases à trous**

Complète les phrases suivantes.

1. *La Cantatrice chauve* est une pièce écrite par…
   **a.** Eugène Ionesco   **b.** Jean-Paul Sartre   **c.** Bernard Shaw

2. Le théâtre de l'absurde traite…
   **a.** de la vie à la campagne   **b.** du vide de l'existence   **c.** des vacances scolaires

3. *La Cantatrice chauve* a été écrite dans les années…
   **a.** 30   **b.** 50   **c.** 70

4. Tous les Bobby Watson sont…
   **a.** professeurs   **b.** ingénieurs   **c.** commis voyageurs

**2** **Mots cachés**

Trouve l'équivalent féminin des noms suivants dans la grille.

1. frère
2. fils
3. oncle
4. père
5. mari
6. cousin

| D | I | R | B | W | Z | T | A | N | T | E |
|---|---|---|---|---|---|---|---|---|---|---|
| S | V | E | V | A | Œ | Q | P | W | J | P |
| D | B | D | I | V | V | B | R | V | S | Z |
| C | M | Y | A | L | J | A | L | P | Œ | C |
| O | J | Œ | Y | P | L | P | A | D | U | D |
| U | V | V | J | V | P | E | P | J | R | P |
| S | Z | M | E | R | E | L | A | T | M | A |
| I | Y | R | Z | Q | P | Q | U | M | F | R |
| N | R | Q | P | Z | M | J | V | J | I | B |
| E | V | P | Œ | Y | P | Y | R | W | L | E |
| W | M | J | P | V | W | Z | E | D | L | V |
| A | F | E | M | M | E | N | M | R | E | C |

**3** **Réfléchis**

Réponds aux questions suivantes.

1. Dans *La Cantatrice chauve,* Monsieur Smith et Madame Smith parlent de Bobby Watson? De qui s'agit-il?

2. Pourquoi est-ce que les personnages de Ionesco répètent toujours les mêmes mots et les mêmes phrases?

3. Qu'est-ce que Ionesco essaie de nous dire au sujet du langage comme moyen de communication?

### 4  Le testament

Le testament de Bobby Watson, le mort, est un peu compliqué! Ecris son testament pour le rendre plus facile à comprendre.

1. A la sœur de mon fils, je laisse mon bracelet.
2. A la mère de ma cousine, je laisse mon chien.
3. A l'oncle de mes enfants, le fils de mon père, je laisse tous mes CD.
4. Au père de mon père, je laisse ma radio.
5. A la femme de mon père, je laisse mon vélo.
6. Au fils du frère de mon père, je laisse mon ordinateur.
7. Au frère de ma mère, je laisse tous mes livres.
8. Au frère de ma fille, je laisse ma montre.
9. A la fille de mon père, je laisse mon canari.

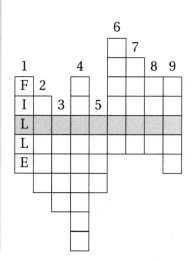

**1.** A ma fille, je laisse mon bracelet.

**2.** _____

**3.** _____

**4.** _____

**5.** _____

**6.** _____

**7.** _____

**8.** _____

**9.** _____

Complète le puzzle en écrivant les membres de la famille de Bobby qui sont nommés dans son testament. Si tu ne t'es pas trompé, tu as trouvé…

Ecris ce mot avec son article : —— ————————

### 5  Réaction personnelle

Qu'est-ce que tu as ressenti en lisant *La Cantatrice chauve?* Comment est-ce que tu trouves ce texte : drôle, monotone, absurde? Pourquoi?

# *Avant la lecture*
# *Histoires drôles*

Pour parler de situations absurdes, de nombreux auteurs utilisent l'ironie ou l'humour : ils se moquent de tout en disant le contraire de ce qu'ils veulent dire avec ironie et ils déforment la réalité pour en dégager les côtés plaisants ou insolites avec humour. Ils utilisent souvent ces techniques pour obtenir un effet inattendu et donc comique.

## Activité

**Que penses-tu?** Comment est-ce qu'on peut qualifier les situations suivantes? Pourquoi?

**1.** Un petit canari attaque un chat.

**2.** Un joueur de football américain fait de la danse classique.

En lisant les ***Histoires drôles,*** pose-toi ces questions :
«Pourquoi est-ce que c'est drôle? Qu'est-ce qui est inattendu?»

# Histoires drôles

Le commissaire[1] interroge le suspect :

– Est-ce vrai que votre famille est bizarre?

– C'est vrai. Mon père est maire[2], ma tante est sœur[3]. L'un de mes cousins est frère[4] et mon frère est masseur[5].

******

# Histoires de Toto

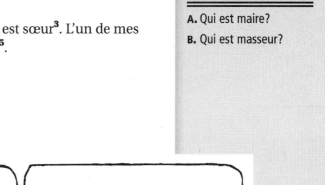

**Pendant la lecture**

**A.** Qui est maire?

**B.** Qui est masseur?

Voyons[6]: zéro en dictée, zéro en sciences, zéro en mathématiques, zéro en histoire! Comment expliques-tu ces notes, Toto?

J'hésite entre l'hérédité et l'environnement familial.

******

— Allô! Le directeur de l'école?

— Oui, c'est moi.

— Monsieur le Directeur, je vous téléphone pour vous dire que Toto ne peut pas venir en classe aujourd'hui. Il est malade.

— Ah, bon! Mais qui téléphone?

— C'est Papa...

**C.** Quelles notes est-ce que Toto a? Est-ce que son père est heureux?

**D.** Qui téléphone au directeur de l'école?

. . . . . . . . . . . . . . . . . . . . . . . . . . . . . . . . . . . . . . . . . . . . . . . . . . . . . . . . . .

**1** police chief   **2** mayor   **3** nun   **4** friar   **5** massage therapist   **6** let's see

# Toto et les maths

Le père dit à Toto : «Ecris sur ce papier la table de neuf. Pour chaque erreur que tu fais, tu as une gifle[1], mais si tout est juste, je te donne un paquet de bonbons[2]». Toto écrit donc :

$$4 \times 9 = ?$$

$$9$$

$$
\begin{aligned}
1 \times 9 &= \mathbf{9}\\
2 \times 9 &=\\
3 \times 9 &=\\
4 \times 9 &=\\
5 \times 9 &=\\
6 \times 9 &=\\
7 \times 9 &=\\
8 \times 9 &=\\
9 \times 9 &=\\
10 \times 9 &= \mathbf{90}
\end{aligned}
$$

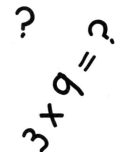

Il n'en sait pas plus! En attendant son père, il compte le nombre de gifles qu'il va recevoir. Il écrit sur son papier à la place des réponses qu'il ne connaît pas 1, 2, 3, 4.... ce qui donne:

$$9 \times 1 = 9$$

$$
\begin{aligned}
1 \times 9 &= 9\\
2 \times 9 &= \mathbf{1}\\
3 \times 9 &= \mathbf{2}\\
4 \times 9 &= \mathbf{3}\\
5 \times 9 &= \mathbf{4}\\
6 \times 9 &= \mathbf{5}\\
7 \times 9 &= \mathbf{6}\\
8 \times 9 &= \mathbf{7}\\
9 \times 9 &= \mathbf{8}\\
10 \times 9 &= 90
\end{aligned}
$$

...huit gifles!

C'est beaucoup. Alors pour être sûr, il recommence à compter en partant du bas, ce qui donne :

$$
\begin{aligned}
1 \times 9 &= 9\\
2 \times 9 &= \mathbf{18}\\
3 \times 9 &= \mathbf{27}\\
4 \times 9 &= \mathbf{36}\\
5 \times 9 &= \mathbf{45}\\
6 \times 9 &= \mathbf{54}\\
7 \times 9 &= \mathbf{63}\\
8 \times 9 &= \mathbf{72}\\
9 \times 9 &= \mathbf{81}\\
10 \times 9 &= 90
\end{aligned}
$$

$$2 \times 9 = 18$$

$$6 \times 9 = 54$$

Pas d'erreur, ça fait bien huit gifles!

Toto donne la feuille à son père et ne comprend pas pourquoi au lieu de[3] huit gifles, il reçoit un paquet de bonbons!

**1** get a slap in the face   **2** box of candies   **3** instead of

*Après la lecture*
# Activités

## 1 Vrai ou faux?

Lis les phrases suivantes. Est-ce qu'elles sont vraies ou fausses?

**vrai** **faux**

☐ ☐ **1.** La mère du suspect est sœur.

☐ ☐ **2.** Toto a de très bonnes notes à l'école.

☐ ☐ **3.** Le père est très content de voir les notes de Toto.

☐ ☐ **4.** Toto donne l'hérédité comme explication de ses notes.

☐ ☐ **5.** Toto appelle le directeur de l'école parce qu'il ne veut pas aller à l'école.

☐ ☐ **6.** Toto est très bon en maths.

☐ ☐ **7.** Toto connaît la table de multiplication par neuf.

☐ ☐ **8.** Toto pense qu'il va recevoir neuf gifles.

☐ ☐ **9.** Trois multiplié par neuf font vingt-sept.

☐ ☐ **10.** Toto reçoit un paquet de bonbons.

## 2 Histoire d'homonymes

Dans la première histoire, tu as rencontré des homonymes, c'est-à-dire des mots qui ont la même prononciation mais une orthographe différente et qui ont un sens différent.

Par exemple : **maire** *(mayor)* et **mère** *(mother)*

Peux-tu trouver des homonymes pour les mots suivants?
Que signifie chaque homonyme?

vers : _____

mois : _____

au : _____

mais : _____

nom : _____

## 3 Ton histoire drôle

Ecris une histoire drôle sur l'école, le sport ou la famille en français. Raconte ton histoire au reste de la classe.

# Un peu plus...

## Note culturelle

Après une longue période de baisse le nombre de mariages augmente en France. Alors, que faut-il faire pour se marier? Quelles sont les formalités administratives? Pour se marier, le couple doit obligatoirement passer devant le Maire. Le mariage religieux n'est pas obligatoire, mais si on souhaite une cérémonie religieuse, celle-ci ne peut être célébrée qu'après le mariage civil. Avant leur mariage, les futurs époux doivent apporter à la Mairie de leur domicile certains documents indispensables : leurs actes de naissance, des certificats médicaux de moins de deux mois, les photocopies de leur carte nationale d'identité, une attestation de domicile et éventuellement leur contrat de mariage. Et bien sûr, le jour du mariage, chaque futur marié est accompagné d'un témoin âgé d'au moins dix-huit ans.

**1** ### Devinette

**1.** Pince-mi et pince-moi sont dans un bâteau. Pince-mi tombe à l'eau, qui est-ce qui reste?

**2.** Que font ces villes françaises : Troyes, Foix, Sète?

**2** ### Proverbe

Tel père, tel fils.

# 8 *Avant la lecture*
## Au supermarché pour la première fois

**Chapitre 8**
Au supermarché pour
la première fois . . . 70

La Cantine . . . . . . . 75

**Stratégie**

**Faire des inférences** Une inférence, c'est arriver à une conclusion en se basant sur des informations ou des faits connus. Par exemple, si tu sais que l'animal de Sophie miaule, tu peux en déduire que cet animal est un chat. En littérature, certaines informations qui sont données par l'auteur peuvent t'aider à anticiper la lecture ou imaginer ce que l'auteur ne dit pas.

## Activités

**A** **Inférence** Si tu lis la phrase «il fait beau», tu vas en déduire que :

- Le soleil brille.
- Le ciel est bleu.
- Il fait chaud.

Si au contraire, tu lis la phrase «il fait mauvais», qu'est-ce que tu vas imaginer?

- _____
- _____
- _____

**B** **C'est la saison de...**
Selon la période de l'année, tu as plus de chance de trouver certains articles que d'autres dans un supermarché. Peux-tu deviner quelles fêtes se préparent si tu trouves :

1. des dindes[1], du jambon, des patates douces[2]

2. du chocolat, des œufs de toutes les couleurs

3. beaucoup de bonbons, des citrouilles[3], des gourdes[4]

. . . . . . . . . . . . . . . . . . . . . . . . . . . . . . . . . . . . . . . . . . . . . . . . . . . . . . . . . . . . . . . .

**1** turkey   **2** sweet potatos   **3** pumpkins   **4** gourd/squash

# Au supermarché pour la première fois

### Pendant la lecture

Est-ce que le narrateur est un homme ou une femme, un garçon, une fille? Comment est-ce que tu le sais? Comment est-ce que tu l'imagines? Pourquoi?

**A.** Où va le narrateur? Qu'est-ce qu'on lui donne?

**B.** Où est-ce qu'il gare sa voiture?

**C.** Pourquoi est-ce qu'il a besoin d'une pièce d'un euro?

«Qu'est-ce qui m'a pris de vouloir aller au supermarché[1]! Je n'y ai jamais mis les pieds de ma vie. Et en plus, on me donne une liste et les directions pour aller au centre Leclerc, comme si j'avais cinq ans. Me voilà parti.

Ah, voilà le centre Leclerc… mais le parking est immense[2]! Comment est-ce que je vais retrouver ma voiture? Il faut que je trouve une place pour me garer[3]. Là-bas on dirait qu'il y a une place. Zut! c'est l'emplacement pour les chariots[4]. Il y a une voiture qui part[5] là-bas. Vite, vite. Oui! Enfin!

J'ai ma liste, j'ai fermé la voiture à clé[6]. Je suis garé près du poteau[7] marqué P24. Il faut que je me rappelle, P24 et si je le notais[8] quelque part…

Maintenant, il me faut un chariot. Mais, qu'est-ce que c'est que ça? Ils sont attachés. Ah, je vois, il faut mettre une pièce d'un euro. Je crois que j'en ai une dans ma poche[9]. Oui, la voilà. Maintenant que j'ai mon chariot, allons-y.

Où est ma liste?

---

**1** supermarket  **2** huge  **3** to park  **4** cart  **5** leaves  **6** locked the car  **7** post
**8** wrote it down  **9** pocket

Voyons voir[1], il faut deux bouteilles de lait, une douzaine de yaourts, un kilo de tomates, une bouteille de shampooing, trois kilos de pommes de terre, cinq savons[2]. Marie aurait pu[3] tout de même organiser sa liste…

Je vais commencer par aller chercher le savon et le shampooing. Voilà le shampooing, par ici le savon. Maintenant passons au rayon des fruits et légumes. Les tomates… mais elle veut quoi? Il y a quatre sortes de tomates. Bon, je vais prendre celles du milieu, elles ont l'air[4] meilleures. Les pommes de terre… hum! J'aime bien les petites pommes de terre rouges…

Les yaourts… oh là là, mais qu'est-ce que je vais faire? Il y a trop de choix et moi qui ne mange jamais de yaourts. Je ne sais pas quoi prendre. Heureusement que j'ai mon portable[5]. Très pratique cette invention… »

— Allô, Guillaume, c'est Papa. Dis, tu peux me passer ta mère!

— …

— Allô, Marie, ma chérie, je suis embêté[6]. Tu ne m'as pas dit quels yaourts acheter.

— …

— C'est quoi : comme d'habitude? Danone® nature[7]. Ah, je les vois, ils sont devant moi. J'ai presque fini. Au fait, pour les gâteaux secs, tu veux quoi?

— …

— Deux paquets de Petits Lu® et trois paquets de Petits Ecoliers®. C'est quoi des Petits Ecoliers?

— …

— Des biscuits au chocolat pour les enfants? D'accord, à tout à l'heure.

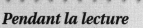

*Pendant la lecture*

**D.** A ton avis, qui est Marie?

**E.** Comment est-ce qu'il choisit les tomates?

**F.** Pourquoi est-ce qu'il ne sait pas quoi prendre comme yaourt?

**G.** Pourquoi est-ce qu'il téléphone à sa femme?

**H.** Quels yaourts est-ce qu'il achète?

**I.** Qu'est-ce que c'est des Petits Lu? Et des Petits Ecoliers?

**1** let's see   **2** soap   **3** could have   **4** look   **5** cell phone   **6** I am puzzled   **7** plain

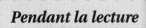
**J.** Pourquoi est-ce qu'il change de caisse?

**K.** Est-ce que c'est plus rapide?

**L.** Combien doit-il payer?

**M.** Qu'est-ce qui arrive à la caisse?

**N.** Qui est-ce qui lui téléphone? Pourquoi?

«Est-ce que je n'ai rien oublié? Non, ça va. Où est-ce que l'on paie? Les caisses[1] sont par là. Oh, le monde! Moins de dix articles, évidemment, j'en ai douze… Essayons cette caisse. Mais, ça n'avance pas. La caisse à côté semble plus rapide. Je change.

C'est bien ma chance, il n'y a pas de prix sur le CD de la petite dame devant. Et puis maintenant la caissière[2] est au téléphone. Il ne manquait plus que ça[3]. Mais, elle téléphone à qui? Maintenant, elles sont deux caissières, mais ce n'est pas plus rapide. Si j'étais resté où j'étais je serais déjà passé. Ah! C'est enfin mon tour.»

— Bonjour, mademoiselle, ça va?

«Elle pourrait au moins me répondre, et la politesse? »

— … 33, 64 euros, ça, c'est du précis.

«Zut, où est-ce que j'ai mis mon portefeuille? Pas dans la poche[4] de mon pantalon, pas dans ma veste… »

— Excusez-moi, mademoiselle, mon portefeuille est sans doute resté dans ma voiture. Donnez-moi deux minutes…

«Où est la sortie? Par là… Où est-ce que j'ai mis ma liste? J'ai bien écrit dessus où j'étais garé. Mais elle est où cette liste? » Bip-Bip… Bip-Bip.

«Ah! Et ce téléphone qui sonne, comme si j'avais le temps de répondre au téléphone.»

— Allô, oui. Ah! Marie, ma chérie, je suis en train de chercher mon…

— …

— Oui, mon portefeuille! Comment tu sais?

— …

— Il est sur la table dans la cuisine! Zut! Comment vais-je faire pour payer?

---

**1** cash registers   **2** cashier   **3** That's all I needed   **4** pocket

## *Après la lecture*
# Activités

**1** ## Vrai ou faux?

Lis les phrases suivantes. Est-ce qu'elles sont vraies ou fausses?

| vrai | faux | |
|---|---|---|
| ☐ | ☐ | **1.** Le narrateur est père de famille. |
| ☐ | ☐ | **2.** Il va à la boulangerie. |
| ☐ | ☐ | **3.** C'est la première fois qu'il va au supermarché. |
| ☐ | ☐ | **4.** Marie, c'est sa fille. |
| ☐ | ☐ | **5.** Le père s'appelle Guillaume. |
| ☐ | ☐ | **6.** Il achète du chocolat. |
| ☐ | ☐ | **7.** Il téléphone d'une cabine téléphonique. |
| ☐ | ☐ | **8.** Il ne sait pas quels yaourts acheter. |
| ☐ | ☐ | **9.** Il n'a pas son portefeuille. |

**2** ## Les achats

Quels produits est-ce que le père doit acheter et en quelle quantité?

| produits | oui | non | quantité |
|---|---|---|---|
| **1.** gâteaux secs | | | |
| **2.** pêches | | | |
| **3.** shampooing | | | |
| **4.** tomates | | | |
| **5.** pommes de terre | | | |
| **6.** eau minérale | | | |
| **7.** yaourts | | | |
| **8.** petits pois | | | |
| **9.** savon | | | |
| **10.** gâteau au chocolat | | | |
| **11.** lait | | | |

## 3 En contexte

Utilise le vocabulaire du texte pour compléter les phrases suivantes.

1. Quand le père va au supermarché, d'abord il _ _ _ _ sa voiture.
2. Ensuite, il prend un _ _ _ _ _ _ _ pour mettre ses achats.
3. Il achète des yaourts _ _ _ _ _ _.
4. Quand il a fini ses courses, il va payer à la _ _ _ _ _ _.
5. D'habitude, son portefeuille est dans la _ _ _ _ _ de son pantalon.

## 4 Mots cachés

**a.** Retrouve les mots cachés grâce aux définitions ci-dessous.

| Y | A | O | U | R | T | S | T |
|---|---|---|---|---|---|---|---|
| A | I | L | R | I | R | E | A |
| M | A | I | S | Z | O | O | R |
| S | I | V | E | T | P | O | T |
| O | M | E | L | O | N | M | E |
| R | E | F | R | A | I | S | E |

1. Je suis à base de lait. Je peux être nature, à la fraise ou à la pêche.
2. Je suis un fruit. Je suis jaune et vert à l'extérieur et orange à l'intérieur.
3. Je suis un fruit. Je suis petite et rouge.
4. Je suis un légume. Je suis jaune. Je peux être mangé froid ou chaud.
5. Je suis un petit fruit. Je suis verte ou noire.
6. Je suis un objet. Je peux contenir beaucoup de choses différentes, de la colle, de la confiture…
7. Je suis un dessert aux fruits. Mes fruits préférés sont les pommes ou les fraises.
8. Je suis un grain. Je suis blanc et j'accompagne beaucoup de plats chinois.

**b.** Est-ce que tu peux trouver au moins trois autres mots français dans la grille?

## 5 Et, chez toi?

En principe, qui fait les courses chez toi? Pourquoi?

## Avant la lecture

# La Cantine

## Vocabulaire

Voilà quelques mots pour t'aider à comprendre le texte :

**la cantine :** *cafeteria*

**le choix :** *choice*

**le coin :** *corner*

**le plateau :** *tray*

**bruyant :** *noisy*

**les couverts :** *cutlery*

### Activités

**A** **Tu te rappelles?** Est-ce que tu te rappelles de tes premières impressions quand tu es arrivé(e) à ton école? Est-ce que tu t'es fait des amis tout de suite?

**B** **A toi!** Pense à la cafétéria de ton école. Comment se passe le déjeuner? Est-ce qu'il y a beaucoup de choix?

De grandes tables alignées dans une grande salle. Ça ressemble[1] un peu à un hall de gare[2]. Et c'est tout aussi bruyant pendant les deux heures que dure[3] le repas. La cantine de mon lycée n'est pas vraiment[4] une cantine. C'est un self-service et tout le monde l'appelle le «self». On a le privilège du choix. C'est affiché[5] à l'entrée, devant les portes. On peut ainsi se préparer à l'avance.

**1** it looks like **2** train station hall **3** last **4** really **5** posted

**A.** Où est-ce que cette scène se passe?

**B.** Est-ce que le narrateur est un étudiant ou un prof?

**C.** Quelle sorte de cantine est-ce que c'est?

## Pendant la lecture

**D.** Qu'est-ce qu'il y a comme entrées?

**E.** Avec quoi est-ce qu'on peut échanger l'entrée?

**F.** Pourquoi est-ce qu'il choisit la pizza?

**G.** Qu'est-ce qu'il y a comme boisson?

**H.** Comment est-ce que le narrateur avance dans la salle? Pourquoi?

**I.** Pourquoi est-ce que ses muscles se relâchent?

**J.** A ton avis, est-ce que le narrateur est un garçon ou une fille? Justifie ta réponse.

Peser le pour et le contre[1] de chaque plat. Comme entrées, carottes râpées ou pâté? Ou peut-être pas d'entrée mais un yaourt et un dessert? Car le luxe du luxe, c'est que si on ne prend pas d'entrée, on a droit[2] à deux desserts! Une fois l'entrée posée sur le plateau, il faut choisir le dessert: habituellement fromage, yaourt, ou pomme. Mais quelle joie! Aujourd'hui, il y a de la tarte aux pommes! Après, c'est le grand moment, pour le plat principal aujourd'hui on a le choix entre pizza et poisson avec du riz pilaf. La pizza, la semaine dernière n'était pas bonne, mais du poisson… autant manger à la maison[3]. Ma mère ne fait jamais de pizza. Bon, tant pis si la pizza n'est pas bonne. C'est trop tentant[4]. Pour la boisson, de self, il n'en a que le nom : eau ou eau! Une fois servi, couverts et serviette en main, on pénètre dans la grande salle.

Hésitation. Le regard se balade à la recherche d'un visage familier à côté duquel[5] on pourrait s'asseoir. Il y a Jean-Luc dans le coin[6], là-bas. Il y a aussi Alexandre et Serge. On s'avance tout doucement. Il y a tous ces dos[7] tournés. C'est plus difficile de reconnaître les dos! Ah, voilà la bande. Tous les muscles tout d'un coup[8] se relâchent[9]. On a trouvé ses copains!

---

**1** to weigh the pros and cons   **2** have the right   **3** one might as well eat at home
**4** tempting   **5** next to whom   **6** corner   **7** back   **8** suddenly   **9** relax

## Après la lecture
# Activités

**1** ### A toi de les retrouver!
Déchiffre le nom des aliments mentionnés dans *La Cantine.*

1. RTOECTA _____

2. EATP _____

3. SOISPON _____

4. ZRI LAPIF _____

5. APIZZ _____

6. AUE _____

7. EMPMO _____

8. TORUAY _____

9. EGFORMA _____

10. TERAT UAX SMEPOM _____

**2** ### D'accord ou pas?
Dis si tu es d'accord avec les affirmations suivantes relatives au texte. Justifie tes réponses.

1. La cantine du lycée est une cantine traditionnelle où des gens vous servent.

2. Si tu prends une entrée, tu as le droit de ne prendre qu'un seul dessert.

3. Le narrateur n'aime pas la pizza. Il préfère le poisson.

4. Le narrateur sait exactement où il va s'asseoir quand il pénètre dans la salle.

**3** ### Ta cafétéria
Complète les phrases suivantes.

1. Mon plat principal préféré, c'est _____.

2. Mon dessert préféré, c'est _____.

3. Ma boisson préférée, c'est _____.

# Un peu plus...

## Note culturelle

Les cuisines françaises sont relativement différentes des cuisines américaines. La cuisine est une pièce à part dans la maison. Elle est rarement ouverte sur le reste de la maison et elle a une porte. En général, la cuisine est un espace privé à l'intérieur duquel peu de personnes, en dehors de la famille, sont autorisées à pénétrer. Rares sont les invités qui auront le privilège de voir la cuisine de leurs hôtes. Autrement, les cuisines françaises sont très modernes et design. Si la cuisine est assez grande, il y a une table qui sert pour les repas familiaux, alors que la salle à manger est réservée pour les soirées entre amis.

### 1 Deviens architecte

Sur une feuille de papier, dessine le plan de ta cuisine idéale. Marque l'emplacement de chaque appareil électroménager que tu as dans ta cuisine (frigo, four, plaques chauffantes, machine à laver la vaisselle, grille-pain, micro-onde...)

### 2 Exprime-toi avec de la nourriture!

Est-ce que tu connais trois expressions anglaises qui utilisent des noms d'aliments comme par exemple, *To have one's cake and eat it too?*

### 3 Expression
## Faire quelque chose pour des prunes.

**Chapitre**

# 9 *Avant la lecture*
## La Tentation

**Stratégie**

**Des causes à effets** Souvent un événement se trouve être la conséquence d'un autre. Quand tu vas lire *La Tentation,* essaie de déterminer quels événements découlent les uns des autres.

<table>
<tr><td>

</td></tr>
</table>

<table>
<tr><td>

</td></tr>
</table>

## Activité

**Imagine** A l'aide des mots qui te sont donnés, imagine l'histoire de *La Tentation.* Sur une feuille de papier, écris quelques phrases en utilisant le vocabulaire ci-dessous pour raconter ce qui, à ton avis, va arriver aux membres du Club des quatre.

**le sac** *bag*

**la gendarmerie** *police station*

**le grenier** *attic*

**rêver** *to dream*

**l'annuaire** *telephone book*

**le portable** *cellular phone*

**rendez-vous chez moi** *let's meet at my place*

**composer** *to dial*

**décrocher** *to pick up the receiver*

## Note culturelle

En France, on peut acheter des cartes téléphoniques à la poste ou dans les cafés. Chaque carte a un logo particulier qui peut représenter des personnes, des œuvres d'art, des monuments ou des événements particuliers. Certaines sont même des publicités pour différents produits. Beaucoup de Français collectionnent ces cartes.

**Collection Historique**

Téléphone Ericsson 1920

Cet élégant téléphone suédois mobile, en tôle laquée rehaussée de filets or et cuivre, est équipé d'un combiné de type Berliner.

France Telecom

**Télécarte 50 unités**
Cette carte ne peut être vendue que sous emballage scellé ou par distributeur automatique.

Télécarte 50

**Chapitre 9**     **79**

**Pendant la lecture**

Le titre *La Tentation* te rappelle sûrement un mot anglais. A ton avis, qu'est-ce que ce titre signifie? Quand tu vas lire le texte, demande-toi pourquoi l'auteur a choisi ce titre.

**A.** Pourquoi est-ce que Morgane et Julien ne sont pas à l'école aujourd'hui?

**B.** A ton avis, pourquoi est-ce que Julien veut appeler Chloé et Olivier?

**C.** Peux-tu deviner ce qu'est une cabine téléphonique?

**D.** Où est-ce que les amis vont se retrouver?

# La Tentation

C'est jeudi et les cours de l'après-midi sont annulés[1]. Morgane et Julien vont jouer au tennis. Quand ils arrivent sur le court, ils trouvent un sac de toile grise par terre[2]. C'est un petit sac, mais il est un peu lourd. Morgane regarde dans le sac. Il y a des billets de cent euros, de deux cents euros, de cinquante euros, de vingt euros et de dix euros.

MORGANE   Qu'est-ce qu'on fait?

JULIEN   Tant pis[3] pour le tennis! On va téléphoner à Chloé et à Olivier : rendez-vous immédiatement au grenier.

MORGANE   O.K. Allons téléphoner! Il y a une cabine au coin de la rue.

Morgane et Julien vont à la cabine. La cabine est déjà occupée. Il y a une fille qui parle au téléphone. Les deux amis attendent avec impatience. Enfin, la fille part. Morgane et Julien entrent dans la cabine.

MORGANE   Allô, Chloé? C'est Morgane.

CHLOE   Salut. Ça va?

MORGANE   Oui. Appelle Olivier. Rendez-vous immédiatement chez moi, dans le grenier.

CHLOE   Qu'est-ce qui se passe?

MORGANE   Je ne peux pas te le dire au téléphone. Venez[4], c'est urgent. N'oublie pas ton portable[5].

. . . . . . . . . . . . . . . . . . . . . . . . . . . . . . . . . . . . . . . . . . . . . . . . . . . . . . . . .

**1** cancelled   **2** On the ground   **3** Never mind   **4** Come   **5** cell phone

Quinze minutes plus tard, chez Morgane dans le grenier.

OLIVIER    Alors, qu'est-ce qu'il y a?

JULIEN    Regardez dans ce sac.

CHLOE    Oh là là! D'où vient[1] tout cet argent?

OLIVIER    Où est-ce que vous avez trouvé ça?

MORGANE    Sur le court de tennis.

JULIEN    Vide[2] le sac... On va compter l'argent.

CHLOE    Voilà cinquante billets de deux cents euros. Ça fait 10.000 euros.

OLIVIER    Voilà quarante billets de cent euros. Ça fait 4.000 euros.

JULIEN    Il y a aussi vingt billets de cinquante euros et quarante billets de vingt euros. Ça fait, voyons... 20 multiplié par 50 et 40 multiplié par 20, ça fait...

OLIVIER    Toi et les maths, alors! Ça fait 1.800 euros.

MORGANE    Et voilà vingt billets de dix euros, ce qui fait 200 euros.

OLIVIER    En tout, ça fait... Donne-moi un crayon... 16.000 euros! Ça, c'est une somme!

MORGANE    Qu'est-ce qu'on va faire?

CHLOE    On va téléphoner à la gendarmerie, bien sûr!

OLIVIER    Oui... bien sûr... 16.000 euros, c'est beaucoup!

MORGANE    C'est beaucoup de sorties, de billets de cinéma...

OLIVIER    De voyages...

## Pendant la lecture

**E.** Qu'est-ce qu'il y a dans le sac?

**F.** Pourquoi est-ce qu' Olivier dit à Julien «Toi et les maths, alors!»?

**G.** Combien d'argent est-ce qu'il y a dans le sac?

**H.** Qu'est-ce que Morgane rêve de faire avec l'argent?

**1** come from   **2** empty

Chapitre 9     **81**

**I.** Qu'est-ce que Julien rêve d'acheter?

**J.** Pourquoi est-ce que les amis téléphonent à la gendarmerie?

| | |
|---|---|
| JULIEN | Chacun de nous pourrait acheter un ordinateur... |
| MORGANE | Des CD... |
| JULIEN | Une nouvelle guitare... |
| CHLOE | Mais arrêtez[1]! Vous êtes fous[2]! Cet argent n'est pas à nous. On va à la gendarmerie! En plus, c'est peut-être de l'argent volé. Si c'est de l'argent volé, on ne peut pas le dépenser. On sera[3] tout de suite soupçonné. |
| OLIVIER | Adieu les rêves[4]... |
| JULIEN | Allons, le rêve est terminé! On va appeler la gendarmerie. |

**K.** Qui a un portable?

Chloé sort son portable pendant que Morgane cherche le numéro de la gendarmerie dans l'annuaire.

| | |
|---|---|
| MORGANE | C'est le 01.62.22.22.22. |

· · · · · · · · · · · · · · · · · · · · · · · · · · · · · · · · · · · · · · · · · · · · · · · · ·

**1** stop   **2** crazy   **3** we will be   **4** dreams

Chloé donne le portable à Julien, et il compose le numéro.

LE COMMANDANT    Gendarmerie nationale, ici, le Commandant Bertrand.

JULIEN    Allô, Monsieur le Commandant, mes amis et moi avons trouvé aujourd'hui un sac de toile avec de l'argent dedans. Beaucoup d'argent!

LE COMMANDANT    Combien d'argent est-ce qu'il y a dans ce sac?

JULIEN    Il y a 16.000 euros.

LE COMMANDANT    Où est-ce que vous avez trouvé ce sac? Et à quelle heure?

JULIEN    Nous l'avons trouvé sur le court de tennis du stade Pierre de Coubertin, vers trois heures.

LE COMMANDANT    Bon. Apportez ce sac à la gendarmerie. Venez directement dans mon bureau.

JULIEN    Bien, Monsieur le Commandant.

Un peu plus tard, les quatre amis sont dans le bureau du Commandant. Il ouvre le sac et compte l'argent.

LE COMMANDANT    16.000 euros. C'est bien ça! Ce sac est à M. Chambord, le patron du cinéma. Ce midi, il a dû[1] aller chercher son fils qui jouait[2] au tennis. Il ne voulait[3] pas laisser l'argent qu'il venait d'aller chercher[4] à la banque dans sa voiture. Pendant qu'il regardait[5] son fils finir son match, il a posé le sac par terre et en partant il l'a oublié. Quand il a réalisé son oubli, le sac n'était[6] plus là. Voilà toute l'histoire! M. Chambord va être très content. Il va sans doute vous récompenser[7] en vous offrant une année de cinéma gratuit!

**Pendant la lecture**

**L.** Quels renseignements est-ce que le Commandant veut avoir?

**M.** Peux-tu deviner ce que le mot **banque** signifie?

**N.** Quelle est la récompense des amis?

---

**1** had to   **2** was playing   **3** did not want   **4** he had just gotten   **5** was watching
**6** was   **7** reward

## Après la lecture
# Activités

**1** ### Vrai ou faux ?

Lis les phrases suivantes. Est-ce qu'elles sont vraies ou fausses?

| vrai | faux | |
|------|------|---|
| ☐ | ☐ | **1.** Julien et Morgane ont trouvé un sac plein de disques compacts. |
| ☐ | ☐ | **2.** Julien et Morgane ne vont pas à l'école parce qu'ils ont trouvé un sac. |
| ☐ | ☐ | **3.** Morgane rêve d'acheter des billets de cinéma. |
| ☐ | ☐ | **4.** Les amis téléphonent à la gendarmerie pour rendre le sac. |
| ☐ | ☐ | **5.** Comme récompense, les amis peuvent aller au cinéma gratuitement pendant un an. |

**2** ### Que font-ils?

Déchiffre les mots et complète les phrases.

rreeing   nsiten   tranop   tadroinreu

mainergreed   eiuaannr

**1.** Les quatre amis se retrouvent au __ __ __ __ __ __ __.

**2.** Julien rêve d'acheter un __ __ __ __ __ __ __ __ __ __.

**3.** Les amis téléphonent à la __ __ __ __ __ __ __ __ __ __ __ pour rendre le sac.

**4.** M. Chambord est le __ __ __ __ __ __ du cinéma.

**5.** Morgane cherche le numéro de la gendarmerie dans l' __ __ __ __ __ __ __ __.

**6.** M. Chambord a oublié le sac sur le court de __ __ __ __ __ __.

**3** ### Mets en ordre!

Mets les phrases suivantes dans le bon ordre.

**a.** ___ Les quatre amis comptent l'argent.

**d.** ___ Les quatre amis vont au bureau du Commandant de la gendarmerie.

**b.** ___ Les quatre amis se retrouvent chez Morgane dans le grenier.

**e.** ___ Les quatre amis téléphonent à la gendarmerie.

**c.** ___ Morgane et Julien trouvent un sac.

**f.** ___ Les quatre amis rêvent de ce qu'ils pourraient acheter avec l'argent qu'ils ont trouvé.

## 4 Des causes à effets

**a.** Souvent un événement se trouve être la conséquence d'un autre. Par exemple : tu n'as pas fait tes devoirs de français => tu as une mauvaise note. Est-ce que tu peux trouver la conséquence de ces événements ?

1. Les cours sont annulés.
2. Morgane et Julien arrivent sur le court de tennis.
3. Les quatre amis rendent l'argent.
4. M. Chambord va à la banque et ensuite il va chercher son fils au tennis.

a. Ils peuvent aller au cinéma gratuitement pendant un an.
b. Il oublie le sac au court de tennis.
c. Morgane et Julien décident de jouer au tennis.
d. Ils trouvent un sac.

**b.** Est-ce que tu peux trouver d'autres événements dans le texte qui sont les conséquences d'actions antérieures ?

## 5 Comment s'appelle-t-il?

En français, le nom de nombreux magasins se termine en **–rie.** Ces noms proviennent du nom de la personne qui y travaille ou du produit qui y est vendu. Exemple :

**la crème** (cream) ⟶ **la crêmerie** (dairy shop)

**le gendarme** ⟶ **la gendarmerie**

Devine le nom des magasins suivants :

1. **Le boucher**[1]　　la _____
2. **Le boulanger**[2]　　la _____
3. **Le poisson**　　la _____
4. **Le cordonnier**[3]　　la _____

## 6 Qu'en penses-tu?

1. Maintenant que tu as lu l'histoire, qu'est-ce que tu penses du titre? Est-ce que l'auteur a bien choisi son titre? Pourquoi?

2. Reprends la petite histoire que tu as imaginée et écrite avant la lecture. Compare-la avec le texte.

3. Tu trouves une énorme somme d'argent dans la rue en rentrant de l'école. Qu'est-ce que tu décides de faire? Pourquoi?

. . . . . . . . . . . . . . . . . . . . . . . . . . . . . . . . . . . . . . . . . . . . . . . . . . . . . . . . . . . . . . . . .

**1** butcher　**2** baker　**3** shoe-maker, cobbler

# Un peu plus...

## Note culturelle

En France, on fait la différence entre un **gendarme** et un **agent de police.** Le gendarme fait partie de la **gendarmerie nationale.** Il dépend de l'armée et par conséquent du ministère de la Défense. L'agent de police fait partie de la **police nationale.** Il dépend du ministère de l'Intérieur. La police nationale inclut la police de l'air et des frontières et les célèbres CRS (Compagnie Républicaine de Sécurité) qui interviennent lors de manifestations. Récemment, la police nationale a équipé certains de ses agents de roller-blades pour pouvoir suivre les Français qui utilisent de plus en plus ces derniers, en particulier le week-end.

**1** **Jouez au détective**

Avec 3 ou 4 camarades écris un mystère. Choisis 4 ou 5 personnages et décris-les (noms, physiques, préférences). Un des personnages commet un crime. Un autre des personnages est la victime de ce crime. Raconte ce qui s'est passé sans dire qui a commis le crime au reste de la classe. Les autres étudiants de la classe peuvent poser autant de questions qu'ils veulent pour deviner qui a commis le crime.

**2** **Proverbe**

*Qui vole un œuf, vole un bœuf*

**Chapitre**

# 10 *Avant la lecture*
## *Les Habits neufs de l'empereur*

**Chapitre 10**
Les Habits neufs
de l'empereur .... 88

Maeva, la nouvelle
génération
mode! ......... 94

**Stratégie**

**Utilise ce que tu connais** Quand tu lis un nouveau texte, pense à ce que tu connais. Pour déterminer le genre littéraire de ce texte, tu dois rechercher des éléments précis. Par exemple, si tu décides de lire un roman policier, tu sais qu'il va y avoir un crime, un coupable, des policiers, une énigme. Si tu lis un conte de fées, tu sais que des choses invraisemblables vont se passer. Quand tu vas lire *Les Habits neufs de l'empereur,* recherche les éléments qui vont te permettre de déterminer le genre littéraire du texte.

## Activité

Voici quelques mots qui vont t'aider à comprendre l'histoire.

**l'atelier** (m.) *workshop*

**coudre** *to sew*

**l'étoffe** (f.) *fabric*

**le fil** *thread*

**l'habit** (m.) *clothes*

**le métier à tisser** *weaving loom*

**neuf** *new*

**le tisserand** *weaver*

**Tu connais?** Est-ce que ce vocabulaire te rappelle une histoire que tu connais? Laquelle? Peux-tu la raconter en quelques lignes?

# Les Habits neufs de l'empereur

*Adapté d'un conte d'Andersen*

**A.** Qu'est-ce qui intéresse l'empereur?

Il était une fois[1] un empereur qui aimait les beaux habits...

Il dépense[2] tout son argent pour être bien habillé. Il ne s'intéresse ni à ses soldats, ni au théâtre, ni aux soirées si ce n'est pour se montrer à ses sujets dans des habits neufs. Dans son empire, les gens sont heureux.

**B.** De quoi se vantent les deux escrocs?

Un jour, deux escrocs[3] arrivent. Ils se font passer pour des tisserands et se vantent[4] de savoir tisser une étoffe[5] exceptionnelle. Non seulement cette étoffe est superbe, mais les vêtements cousus[6] dans cette étoffe sont invisibles aux yeux des incapables ou des idiots.

**1** Once upon a time  **2** spends  **3** crooks  **4** boast, brag  **5** fabric  **6** sewn

«Ce sont des vêtements précieux» se dit l'empereur. «Si j'en ai des pareils[1], en les portant je vais tout de suite savoir qui sont les hommes incapables de mon empire. Je dois faire tisser cette étoffe au plus vite.» Il donne donc de l'argent aux deux escrocs pour qu'ils se mettent au travail. Ceux-ci installent deux métiers à tisser. Ils demandent les plus beaux fils de soie[2], les fils d'or[3] les plus précieux qu'ils prennent pour eux et ils se mettent à travailler sur des métiers à tisser vides[4].

«J'aimerais savoir où ils en sont de leur étoffe!» se dit l'empereur. «Je vais envoyer mon vieux ministre. Il est honnête, intelligent et personne ne fait mieux son travail que lui. Il peut juger de la qualité de l'étoffe et me donner son avis.»

Le bon ministre va dans l'atelier où les deux escrocs travaillent. «Mon Dieu[5]!» pense-t-il, «Je ne vois rien du tout!» Mais il ne dit rien. Les deux escrocs l'invitent à s'approcher. Ils lui montrent le métier à tisser vide. Le pauvre ministre ouvre des yeux de plus en plus grands, mais il ne voit toujours rien puisqu'il n'y a rien. «Mon Dieu!» se dit-il, «Suis-je un idiot? Personne ne doit le savoir!» «Eh bien! Vous ne dites rien?» dit l'un des escrocs. «Oh! c'est très beau, tout ce qu'il y a de plus joli!» dit le vieux ministre. «Ces motifs!... Ces couleurs!... Oui, je vais dire à l'empereur que cela me plaît[6] beaucoup.»

### Pendant la lecture

**C.** Pourquoi est-ce que l'empereur veut ces vêtements?

**D.** Qu'est-ce que les deux escrocs demandent?

**E.** Pourquoi est-ce que l'empereur envoie son ministre?

**F.** Qu'est-ce que le ministre voit? Qu'est-ce qu'il dit? Pourquoi?

**1** same   **2** silk   **3** gold   **4** empty   **5** My goodness!   **6** it pleases me, I like it

Chapitre 10   **89**

Quelques semaines plus tard, l'empereur envoie un autre fonctionnaire[1] important pour voir si l'étoffe est bientôt prête. Il arrive à cet homme la même chose qu'au ministre : il regarde et regarde, mais il ne voit rien.

«N'est-ce pas là une belle pièce d'étoffe?» lui demandent les deux escrocs et ils recommencent leurs explications.

«Je ne suis pas idiot» pense le fonctionnaire. «Je dois faire semblant de voir quelque chose.» Il admire donc le tissu qu'il ne voit pas.

«C'est tout ce qu'il y a de plus beau» dit-il à l'empereur.

Alors, l'empereur veut voir l'étoffe qui est encore sur le métier. Avec ses courtisans, le ministre et le fonctionnaire, il va voir les deux escrocs qui tissent assidûment[2]— sans le moindre[3] fil.

«N'est-ce pas magnifique!» disent les deux hommes qui sont déjà venus. «Que Votre Majesté admire ce motif, ces couleurs!» Ils montrent du doigt le métier à tisser vide, s'imaginant que les autres personnes voient quelque chose.

«Comment!» pense l'empereur «Je ne vois rien! C'est effroyable[4]! Suis-je un idiot? Ne suis-je pas fait pour être empereur? C'est terrible!»

«Oh! C'est superbe, magnifique!» dit-il finalement.

Il regarde le métier vide mais il n'avoue[5] pas qu'il ne voit rien. Les courtisans regardent sans rien voir, mais ils ne disent rien.

**G.** Qu'est-ce qui arrive au fonctionnaire?

**H.** Qu'est-ce que l'empereur se dit en regardant le métier à tisser?

---

**1** civil servant   **2** assiduously   **3** least   **4** dreadful   **5** admit

Ils conseillent à l'empereur de se faire faire de nouveaux habits dans cette étoffe magnifique pour les porter le jour de la grande fête.

Le jour de la fête, l'empereur est avec ses courtisans. Les deux escrocs lui apportent ses nouveaux habits. «Voici le pantalon, voilà la veste, voilà le manteau!» disent-ils «Voyez! C'est léger comme une toile d'araignée[1]; on croirait ne rien avoir sur le corps et c'est là le grand avantage de cette étoffe!»

L'empereur enlève[2] ses vêtements et les escrocs font mine[3] de lui mettre les nouveaux habits. «Dieu! Comme cela vous va bien! Quels motifs, quelles couleurs, voilà des vêtements luxueux!» disent les courtisans.

Enfin l'empereur est prêt à se montrer à ses sujets; ceux-ci l'attendent. Ils ont entendu parler des qualités exceptionnelles de l'étoffe et ils veulent tous savoir si leur voisin[4] est un incapable ou un idiot. En voyant passer l'empereur, tout le monde crie : «Que ses habits sont beaux!» Personne ne veut avouer qu'il ne voit rien. Personne ne veut se montrer idiot. Jamais des habits neufs de l'empereur n'ont connu un tel succès[5]!

«Mais il est tout nu!» crie un petit enfant dans la foule[6]. Et chacun de murmurer : «Il n'a pas d'habit... il est tout nu!»

«Il est tout nu! Il est tout nu... !» crie enfin le peuple entier. L'empereur frissonne, car il lui semble bien que son peuple[7] a raison.

**1** spider's web   **2** takes off   **3** pretend   **4** neighbor   **5** such a success   **6** crowd   **7** people

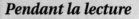

### Pendant la lecture

**I.** Qu'est-ce que les courtisans conseillent à l'empereur?

**J.** Qu'est-ce que les deux escrocs apportent à l'empereur?

**K.** Qu'est-ce que les courtisans disent à l'empereur?

**L.** Pourquoi est-ce que les habitants attendent l'empereur?

**M.** Qu'est-ce que l'enfant crie?

**N.** Qu'en pense l'empereur?

## *Après la lecture*
# Activités

**1** ### Mets en ordre
Remets les phrases suivantes dans le bon ordre.

_____ **a.** Le ministre va dans l'atelier.

_____ **b.** Les habitants de la ville attendent l'empereur.

_____ **c.** Un jour, deux escrocs arrivent.

_____ **d.** «Mais il est tout nu!» crie un petit enfant dans la foule.

_____ **e.** Ils demandent les plus beaux fils de soie et les fils d'or les plus précieux.

_____ **f.** L'empereur aime avant tout les beaux habits.

_____ **g.** «Comment!» pense l'empereur «Je ne vois rien.»

_____ **h.** L'empereur enlève ses beaux vêtements et les escrocs font mine de lui mettre les nouveaux habits.

**2** ### Phrases à trous
Complète les phrases suivantes en t'aidant de la lecture.

**1.** L' __ __ __ __ __ __ __ __ aime les __ __ __ __ __ __ neufs.

**2.** Les deux escrocs se font passer pour des __ __ __ __ __ __ __ __ __ __.

**3.** Ils se vantent de savoir __ __ __ __ __ __ la plus belle __ __ __ __ __ __.

**4.** Ils installent deux __ __ __ __ __ __ __ à tisser et demandent les plus beaux __ __ __ __ de soie.

**5.** Avec ses courtisans, le ministre et le __ __ __ __ __ __ __ __ __ __ __ __ __, l'empereur va voir les deux __ __ __ __ __ __ __ qui tissent.

**3** ### Exprime-toi!
Peux-tu indiquer quel est le genre littéraire du texte ***Les Habits neufs de l'empereur*** que tu viens de lire? Quels sont les éléments qui justifient ton choix ? Donne des exemples tirés du texte.

## 4 A ton tour

Tu vas écrire un conte de fées personnalisé. D'abord, complète les phrases suivantes. Puis, complète le conte de fées ci-dessous en ajoutant les mots que tu as écrits dans la première partie. Lis ton conte de fées à un autre élève.

1. Choisis le nom d'un(e) ami(e). _____
2. Choisis un numéro entre un et cent. _____
3. Quelle est ta couleur préférée? _____
4. Quelle est la couleur que tu n'aimes pas du tout? _____
5. Choisis un mot pour décrire quelqu'un que tu aimes. _____
6. Choisis un mot pour décrire quelqu'un que tu n'aimes pas. _____
7. Quel est l'endroit où tu vas très souvent. _____
8. Ecris le nom d'une personne célèbre. _____
9. Ecris le nom d'un animal. _____
10. Choisis un objet que tu as à la maison. _____
11. Quel est ton endroit préféré? _____
12. Ecris le nom d'une activité que tu aimes bien faire (jouer au basket, faire de l'équitation...). _____

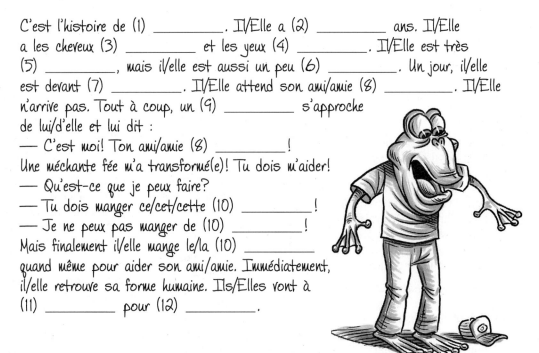

C'est l'histoire de (1) _____. Il/Elle a (2) _____ ans. Il/Elle a les cheveux (3) _____ et les yeux (4) _____. Il/Elle est très (5) _____, mais il/elle est aussi un peu (6) _____. Un jour, il/elle est devant (7) _____. Il/Elle attend son ami/amie (8) _____. Il/Elle n'arrive pas. Tout à coup, un (9) _____ s'approche de lui/d'elle et lui dit :
— C'est moi! Ton ami/amie (8) _____!
Une méchante fée m'a transformé(e)! Tu dois m'aider!
— Qu'est-ce que je peux faire?
— Tu dois manger ce/cet/cette (10) _____!
— Je ne peux pas manger de (10) _____!
Mais finalement il/elle mange le/la (10) _____ quand même pour aider son ami/amie. Immédiatement, il/elle retrouve sa forme humaine. Ils/Elles vont à (11) _____ pour (12) _____.

# Avant la lecture
## Maeva, la nouvelle génération mode!

### Activité

**La mode** Tu vas lire une interview donnée par une jeune styliste tahitienne. Qu'est-ce que tu connais de la mode et de la haute couture? Qu'est-ce que tu connais de Tahiti? Fais une liste.

Lors des derniers défilés[1] printemps/été 2003, on a assisté à l'explosion d'une nouvelle génération de stylistes. Parmi eux, il y a la toute jeune Maeva, styliste tahitienne qui nous a dépaysé[2] en offrant une collection venue directement des îles. Les couleurs sont vives et les tissus légers. Mais Maeva n'est pas une novice dans le monde de la mode. Elle a commencé sa carrière comme assistante chez Yves Saint-Laurent et a fait un petit détour chez Christian Lacroix avant de décider de voler de ses propres ailes[3].

**Votre première collection a été très bien accueillie par les professionnels de la mode. Est-ce que vous êtes surprise?**

➤ Oui, un peu, et non. Cela fait déjà plusieurs années que je travaille dans la mode que ce soit pour Yves Saint-Laurent ou pour Christian [Lacroix]. J'ai eu le temps d'apprendre et aussi de savoir ce que, moi, je veux faire.

**Est-ce qu'Yves Saint-Laurent ou Christian Lacroix ont influencé votre style ?**

➤ Evidemment! Vous ne pouvez pas travailler pendant dix ans chez deux grands couturiers sans être influencé. Je crois que chez Saint-Laurent j'ai appris le goût des lignes simples et de la rigueur. Chez Christian Lacroix, j'ai appris à oser[4].

**Est-ce qu'il y a un ou plusieurs modèles de votre collection que vous considérez comme représentatif de votre style.**

➤ Je ne sais pas s'il y a des modèles plus représentatifs de ma collection que d'autres. Par contre, il y a des modèles que j'aime plus que d'autres. Par exemple, il y a une petite robe, très simple copiée sur les paréos[5] tahitiens. Beaucoup de femmes aiment les paréos mais elles sont peu nombreuses à savoir comment les nouer. Cette robe c'est un paréo déjà noué! En plus, elle est en coton imprimé représentant ma plage préférée à Tahiti. C'est un artiste local qui l'a dessinée.

**Comme beaucoup de couturiers, vous avez aussi une collection d'accessoires ?**

➤ Oui. Quand j'étais petite, je faisais des colliers et des bracelets avec les coquillages[6] que je trouvais sur la plage à Tahiti. J'adorais créer. Je me rappelle, un jour, quand j'avais 13 ans, j'ai fait une «robe» avec des feuilles de palmiers[7]. Ma mère n'a jamais voulu que je la mette pour aller à l'école.

**Verrons-nous[8] un jour cette robe-palmier sur les podiums de défilé ?**

➤ Peut-être, pourquoi pas!

Propos recueillis par
Annick Malherbe

--------------------------------------------------------

1 (fashion) parade  2 gave us a change of scenery  3 wings  4 dare  5 wraparound skirt  6 shells
7 palmtree leaves  8 Will we see

## *Après la lecture*
# Activités

### As-tu compris?

1. Qui est Maeva? D'où vient-elle?

2. Elle a travaillé pour deux grands couturiers. Lesquels?

3. Est-ce que le premier défilé de mode de Maeva est un succès?

4. Est-ce qu'elle a été influencée par Y. Saint-Laurent et C. Lacroix? Comment?

5. Quel est le modèle de sa collection que Maeva préfère?

6. Qu'est-ce qu'elle a créé lorsqu'elle avait treize ans?

### Compare

Reprends la liste que tu as faite avant la lecture. Quels sont les éléments de cette liste qui t'ont aidé à mieux comprendre le texte. Comment? Pourquoi?

### Invente-lui une vie

Le texte *Maeva, la nouvelle génération mode!* te donne des indices sur la personnalité de Maeva. Invente le reste de sa vie à partir de ce que tu as appris grâce au texte. Par exemple :

- Quel âge a-t-elle?
- Où est-ce qu'elle habite?
- Est-ce qu'elle est mariée?
- Est-ce qu'elle a des enfants? Combien? Fille ou garçon? Quel âge?
- Quelles sont ses ambitions?
- Est-ce qu'elle a des loisirs? Lesquels?

Présente la vie de Maeva sous la forme d'une interview.

# Un peu plus...

## Note culturelle

Paris est unanimement reconnu comme étant la capitale de la mode. Tous les grands couturiers ont un atelier et une boutique à Paris, même si Paris n'est pas leur lieu de résidence. D'autre part, le syndicat de la haute couture et le ministère de l'Industrie veillent à ce que le terme «haute couture» ne regroupe que les maisons présentant au moins 50 modèles originaux faits main chaque année. On en dénombre une petite vingtaine. Ainsi les grands noms de la haute couture, Coco Chanel, Yves St-Laurent qui a lancé la mode du tailleur-pantalon, Dior, Cardin, Nina Ricci se trouvent parmi eux. Les créateurs plus originaux, Kenzo, Agnes B, ou encore Jean-Paul Gaultier qui habille de nombreuses stars dont Madonna, ont aussi élu domicile à Paris et ont rejoint l'élite. Qu'ils habitent New York, Milan ou Paris, tous les grands couturiers se retrouvent à Paris lors des présentations des nouvelles collections automne-hiver et printemps-été. Cependant il ne faut pas oublier que la mode et l'élégance ne s'arrêtent pas aux vêtements mais recouvrent aussi les accessoires, comme les bijoux (place Vendôme), les chapeaux, les sacs; Louis Vuitton est reconnu mondialement pour la ligne de bagages de luxe qui porte son nom.

**1** **Tu connais le monde de la couture?**

Chaque nom ci-dessous est associé à une des définitions suivantes.
Retrouve qui va avec quoi.

1. Elle s'appelait Gabrielle, mais elle est plus connue sous le nom de Coco.

2. Il crée le tailleur-pantalon pour femmes.

3. Ce n'est pas un grand couturier, mais son nom est associé aux bagages de luxe.

4. Il habille Madonna.

Chanel  Gaultier  Vuitton  Saint-Laurent

**2** **Proverbe**

L'habit ne fait pas le moine.

**Chapitre**

# 11

## *Avant la lecture*
## *Olivier fait de la voile*

**Stratégie**

**Déterminer un but** Quand on lit, on a souvent un but. On peut lire une histoire, un magazine ou un roman pour son plaisir. On peut chercher un mot dans un dictionnaire pour en connaître le sens[1] ou en vérifier l'orthographe[2]. La curiosité intellectuelle et le plaisir de lire vont de paire[3].

## Vocabulaire

**à l'endroit** *right side up*

**la bosse** *bump*

**déséquilibrer** *to throw off balance*

**le front** *forehead*

**se retourner** *to overturn*

**boiter** *to limp*

**le dériveur** *dinghy*

**écorché(e)** *skinned*

**je me suis accroché** *I held on*

**pieds nus** *barefoot*

**à l'envers** *upside down*

**les échardes** (f.) *splinters*

**le gilet de sauvetage** *life jackets*

**le pansement** *bandage*

**malade** *sick*

Est-ce que la lecture du titre et de la liste de mots nouveaux te donnent envie de connaître l'histoire? Pourquoi?

## Activités

**A**  **Détermine le but!** Pourquoi est-ce qu'on consulte...?
1. un journal _____
2. un prospectus _____
3. un atlas _____
4. une carte routière[4] _____
5. un annuaire _____

**B**  **Un séjour** Tu viens de gagner un séjour[5] d'une semaine en France, au bord de la mer.
1. Où est-ce que tu veux aller?
2. Avec qui est-ce que tu veux partir?
3. Quelles sont les activités que tu veux faire pendant tes vacances?

**1** meaning   **2** spelling   **3** go together   **4** road map   **5** stay

# Olivier fait de la voile

Dimanche soir, Morgane, Chloé et Julien attendent Olivier qui est allé faire de la voile pour la première fois aujourd'hui! Quand il est parti ce matin, il était très fier[1] de lui.

| | |
|---|---|
| CHLOE | Qu'est-ce qu'il a comme bateau ton copain Philippe? |
| OLIVIER | Un petit voilier, un dériveur. |
| CHLOE | Vous allez être combien? |
| OLIVIER | Deux, Philippe et moi. |
| JULIEN | Tu vas savoir te débrouiller[2]? |
| OLIVIER | Mais oui; Philippe va me montrer! C'est certainement très facile, et puis je sais nager! |

Et il est parti.

Maintenant, tout le monde attend son retour avec impatience. Sept heures… sept heures trente… huit heures.

| | |
|---|---|
| MORGANE | Il a dit sept heures, n'est-ce pas? |
| CHLOE | Il est peut-être rentré directement chez lui. Je vais téléphoner. |

**1** proud  **2** manage

Mais il n'y a personne chez Olivier… Enfin[1], à neuf heures vingt,
Olivier arrive… Il a un gros pansement à la main droite, il boite et il a
une énorme bosse violette au front!

| | |
|---|---|
| JULIEN | Alors… raconte! |
| OLIVIER | C'est la première et dernière fois que je fais de la voile! |
| CHLOE | Pourquoi? Qu'est-ce qui s'est passé? Raconte! |
| OLIVIER | Si vous voulez, mais c'est loin d'être drôle!… On a d'abord mis le dériveur à l'eau. |
| MORGANE | C'est lourd un dériveur? |
| OLIVIER | Non, à deux ça va. Après on a mis nos gilets de sauvetage et on a embarqué. Philippe m'a dit : «Il faut éviter[2] deux choses, dessaler[3], c'est-à-dire se retourner dans l'eau, et déchirer[4] une voile…» |
| CHLOE | Charmant! |
| JULIEN | Vous avez eu du vent[5]? |
| OLIVIER | Du vent! Il y en avait tellement que Philippe avait du mal à contrôler le bateau… A un moment donné, la bôme[6] est passée très vite d'un côté[7] à l'autre du bateau, je n'ai pas baissé[8] la tête à temps et j'ai pris la bôme en plein front… Tenez, regardez ça! *(Olivier montre l'énorme bosse violette qu'il a sur le front.)* |

Attention!

---

**1** at last   **2** prevent, avoid   **3** to capsize   **4** to tear   **5** wind   **6** boom   **7** side   **8** lowered

### Pendant la lecture

**C.** A quelle heure est-ce qu'Olivier rentre? Dans quel état est-il?…

**D.** Quelles sont les deux choses qu'il faut éviter quand on fait de la voile?

**E.** Pourquoi est-ce qu'Olivier a une grosse bosse?

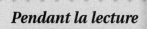

**F.** Qu'est-ce qui est arrivé à la main d'Olivier?

**G.** Qu'est-ce qu'on doit faire quand la grande-voile change de côté?

OLIVIER    Et ça, ce n'est rien... Attendez la suite! Vous voyez ma main[1]? Elle est toute écorchée... Ça, c'est à cause de la dérive[2]!

MORGANE    Mais la dérive, elle est sous le bateau, non?

OLIVIER    Oui, en général..., quand le bateau n'est pas à l'envers!

CHLOE    Ah, parce que vous avez dessalé? *(Elle rit.)*

OLIVIER    Oui. Quand on vire[3], la grand-voile change de côté; pour ne pas déséquilibrer le bateau, nous aussi, on doit changer de côté. Seulement, moi, je ne le savais pas... On a viré. La voile a changé de côté. Philippe m'a crié : «Vite, vite, à babord[4]!»; et comme je n'ai pas compris ce qu'il racontait... on a dessalé!

MORGANE    Heureusement que tu sais nager!

OLIVIER    Oui, mais Philippe criait de ne pas abandonner le bateau. Alors, je me suis accroché à la dérive et c'est comme ça que je me suis écorché la main. Finalement, on a remis le bateau à l'endroit.

---

**1** hand   **2** centerboard   **3** to tack   **4** to port (to the left side)

JULIEN  Et pourquoi est-ce que tu boites?

OLIVIER  Ça, c'est de la faute de Philippe. Il ne m'a pas dit de mettre des tennis, et j'étais pieds nus... Qu'est-ce que j'ai pris comme échardes!

CHLOE  Tu n'as pas eu le mal de mer[1]?

OLIVIER  Avec tout ce qui m'est arrivé, je n'en ai pas eu le temps! A propos de temps, quand nous sommes arrivés au port, il pleuvait des cordes[2]. Si je ne suis pas malade demain, ce sera un miracle.

MORGANE  Alors, tu aimes faire du bateau?

OLIVIER  Oh non! J'aime mieux le plancher des vaches[3]!

JULIEN  C'est bien dommage!

OLIVIER  Pourquoi?

JULIEN  A cause de cela.
(Il lui montre une brochure.)

**Pendant la lecture**

**H.** Pourquoi est-ce qu'Olivier boite?

**I.** Pourquoi est-ce qu'Olivier n'a pas eu le mal de mer?

OLIVIER  Qu'est-ce que c'est?

JULIEN  J'ai trouvé cette publicité[4]. C'est pour une école de voile, cet été à Quiberon... Ça a l'air très chouette!

OLIVIER  Merci bien! Très peu pour moi[5].

CHLOE  Ça a l'air intéressant, tu sais!...

MORGANE  L'été, c'est dans quatre mois... Ça nous donne bien assez de temps pour convaincre Olivier qu'il a le pied marin[6]!

**J.** Qu'est-ce que Julien a trouvé pour les prochaines vacances?

**K.** Est-ce qu'Olivier veut y aller? Pourquoi?

**1** seasickness  **2** pouring  **3** dry land  **4** add  **5** It's not for me!  **6** he's a born sailor!

## *Après la lecture*
# Activités

### 1 D'accord ou pas d'accord?

Lis les affirmations ci-dessous et dis si tu es d'accord ou pas. Explique ton choix.

**1.** Olivier fait souvent du bateau et c'est un expert.

**2.** Olivier rentre très enthousiaste de son après-midi de voile.

**3.** Philippe est un bon professeur de voile.

**4.** Olivier ne veut pas aller passer ses prochaines vacances dans un club de voile.

### 2 Comment les trouver?

Maintenant qu'Olivier est revenu sur le «plancher des vaches», il doit faire quelques achats. Où est-ce qu'il doit aller pour :

___ **1.** acheter de la crème et des pansements pour ses blessures.

___ **2.** acheter des cartes postales.

___ **3.** acheter des timbres pour envoyer ses cartes.

a.                                b.                                c.

### 3 Exprime-toi!

Quand tu lis, tu as un but. Quand tu écris, c'est la même chose. Suivant[1] la personne à qui tu t'adresses, tu ne dis pas la même chose, et ton style est différent. Olivier a décidé d'envoyer une carte à son meilleur ami et une autre à son professeur de français pour raconter ses mésaventures en bateau. Ecris ces deux cartes.

· · · · · · · · · · · · · · · · · · · · · · · · · · · · · · · · · · · · · · · · · · · · · · · · · · · · · · · · · · · · · · · · ·

**1** according to

## 4 Quel temps!

Dans le texte, Olivier dit «Il pleuvait des cordes». Est-ce que tu connais une expression en anglais qui a le même sens? Est-ce que tu peux trouver l'équivalent anglais des expressions françaises suivantes?

1. Il fait un froid de canard.
2. Il fait un temps de chien.
3. Il fait un soleil de plomb.
4. On crève de chaud ici.

a. It's boiling in here.
b. The sun is blazing.
c. It's freezing cold.
d. It's lousy weather.

## 5 Vive les vacances!

Tu vas avec plusieurs amis en France pendant un mois. Tu dois organiser ton voyage et prévoir ton budget. Qu'est-ce que tu vas rechercher dans chacun de ces supports?

- un guide touristique sur la France
- un guide des hôtels et terrain de campings
- un guide des restaurants
- une brochure de voyages organisés
- un magazine de voyages dédié à la France

# Un peu plus...

## Note culturelle

La France compte près de 3000 kilomètres de côtes : au sud, la mer Méditerranée, à l'ouest l'océan Atlantique et au nord, la Manche. Il n'est donc pas surprenant que les Français aiment la mer. La France compte de nombreux marins célèbres : Jacques Cartier (1491–1557) qui a découvert Terre-Neuve, Jean Bart (1650–1702) et Robert Surcouf (1773–1827), tous deux célèbres corsaires.

De nos jours la tradition maritime persiste à travers les grandes courses de voiliers auxquelles participent de nombreux marins français. Florence Arthaud est ainsi la première femme à gagner la Route du Rhum (course en solitaire qui relie Saint-Malo, France métropolitaine, à Pointe-à-Pitre, Guadeloupe). Le «Vendée-Globe Challenge» est aussi une course réputée. C'est une course en solitaire autour du monde sans escale[1].

Tous les quatre ans, la ville de Brest organise un grand rassemblement des plus beaux voiliers du monde. Pendant un week-end, les plus anciens, les plus grands et les plus beaux bateaux du monde se retrouvent ainsi sur les côtes de Bretagne.

### Le mot secret

Pour découvrir le mot secret, donne les réponses aux huit questions suivantes en t'aidant de la Note culturelle. Remplis les tirets. Les lettres dans les cercles forment le mot secret.

1. Mer située au sud de la France

2. Grande étendue d'eau salée

3. Nom de la région découverte par Jacques Cartier

4. Nom donné aux personnes qui naviguent

5. Nom générique pour les bateaux à voiles

6. Course avec ou sans…

7. Nom d'un célèbre corsaire français

8. Nom d'un grand bijoutier parisien et d'un explorateur français

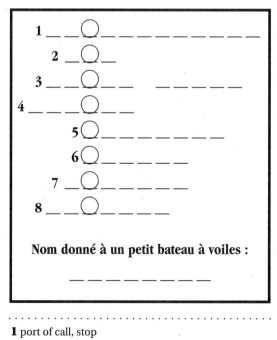

**Nom donné à un petit bateau à voiles :**

$\_\ \_\ \_\ \_\ \_\ \_\ \_\ \_$

. . . . . . . . . . . . . . . . . . . . . . . . . . . . . . . . . .

**1** port of call, stop

# 12

## Avant la lecture
## *Compère Chien et Compère Chat*

**Chapitre 12**
Compère Chien et
Compère Chat . . . 106

**Stratégie**

**Faire des prédictions** En partie, le plaisir de lire est lié à notre désir de deviner ce qui va se passer dans une histoire. Faire une prédiction, c'est pouvoir, à partir de ce que l'on connaît, anticiper et imaginer la suite et la fin d'une histoire. Toutefois, au fur et à mesure que l'histoire progresse, il peut être nécessaire de changer ses prédictions.

Pendant que tu lis, note tes prédictions sous un format identique à celui-ci :

**Prédiction globale :** le sujet de cette histoire c'est _____.

**Prédiction #1 :** _____

    Ma prédiction est correcte : _____

    Je dois changer ma prédiction : _____

**Prédiction #2 :** _____

    Ma prédiction est correcte : _____

    Je dois changer ma prédiction : _____

## Vocabulaire

*Compère Chien et Compère Chat* est un conte traditionnel des Caraïbes. Voici quelques mots qui vont t'aider à comprendre l'histoire.

**la chaudière** *large cooking pot*

**le hareng saur** *herring*

**le compère** *pal*

**goûter** *to taste*

**le couvercle** *lid*

**la marmite** *cooking pot*

### Activité

**Qu'est ce qui va se passer?** En te basant sur le titre du conte et sur le vocabulaire qui t'est donné, peux-tu deviner l'histoire? Ta connaissance des contes traditionnels des Caraïbes est-elle suffisante pour t'aider dans tes prédictions? Peut-être pas. En revanche, grâce à ta familiarité avec les chats et les chiens, tu peux sûrement anticiper et prédire la fin de cette histoire.

# Compère Chien et Compère Chat

*Adaptation de l'histoire recueillie par Savane Carrée*

A. Qu'est-ce que le chien et le chat font ensemble?

B. Quel pari est-ce que le chat propose au chien?

C. Qu'est-ce que le chien et le chat achètent?

D. Qu'est-ce que le chien fait au bal?

E. Qu'est-ce que le chat fait le soir?

Il était une fois, c'était l'époque où Compère Chien et Compère Chat vivaient très bien ensemble. Il n'y a pas meilleurs amis. Chacun s'occupe de ses propres repas, mais ils s'amusent toujours en commun.

Cette histoire se passe au bourg de Gros Morne, le jour de la Chandeleur*. Les gens ont organisé des bals[1]. [...]

Compère Chat propose un pari[2] à son ami, à savoir lequel mange le plus. Le pari accepté chacun achète des pois[3], une marmite de riz, du lard[4] et du hareng saur. Ils préparent à eux deux une grosse chaudière de riz. Ils se promettent de venir manger à minuit. Ils laissent la chaudière sur un feu doux[5] et se rendent au bal [...]

Chien danse à cœur joie. Chat tout en s'amusant pense au riz au hareng saur qui a si bon arôme. Vers les 9 heures du soir, n'y tenant plus, il se rend chez eux et commence par goûter, puis par se régaler[6] copieusement. Il retourne s'amuser comme avant.

**1** dances  **2** bet  **3** peas  **4** bacon  **5** slow heat  **6** having a generous delicious meal
**\*** Chandeleur is a feast that is celebrated in francophone countries on February 2nd. Traditionally, crêpes are baked on this day.

**106**  **Chapitre 12**

Chien, lui, s'amuse toujours. A minuit lorsque Chat lui rappelle leur pari, il ne l'entend pas. Il danse avec une chienne à pelage blanc taché de noir[1]. Elle est très jolie[2].

   Compère Chat revient chez eux. Et dans la chaudière de riz, il s'amuse sans retenue[3]. Il ne laisse que le gratin […] Compère Chien rentre enfin à la maison tôt[4] le matin.

Il dort jusqu'à midi. A son réveil[5], il se rappelle son pari avec son compagnon qui est déjà sorti.

Il se contente du gratin du fond de la chaudière. […] Chien a très faim.

   Dans la soirée, il demande des explications au Chat qui répond :

   — J'ai pris la moitié[6] seulement […] J'ai laissé[7] le reste pour toi. A minuit je t'ai rappelé notre pari, tu dansais tendrement avec Noire et Blanche; tu ne t'es pas occupé[8] de moi.

**F.** Qu'est-ce que le chien fait à minuit?

**G.** Comment est la chienne qui danse avec le chien?

**H.** Qu'est-ce que le chat fait chez eux?

**I.** Qu'est-ce que le chien mange le matin?

**J.** Qu'est-ce que le chat explique au chien?

**1** white coat with black spots  **2** pretty  **3** without restraint  **4** early  **5** on waking
**6** half  **7** I left  **8** you didn't pay attention

## Pendant la lecture

**K.** Qu'est-ce que le chien demande au chat?

**L.** Qui est-ce que le chat accuse?

**M.** Qu'est-ce que le chien met sur le couvercle de la chaudière?

**N.** Qu'est-ce que le chat fait quand le chien part?

**O.** Qu'est-ce qui arrive au chat?

Chien se souvient que Chat lui a dit quelque chose vraiment.

— Mais, reprend-il, qui a mangé le reste?

— Ah!... Je ne sais pas moi, dit Chat d'une voix hypocrite. Comme on dit qu'il y a un voleur dans les parages[1] c'est sûrement lui...

— Bon, si c'est un voleur, je l'aurai[2]. Ma parole de chien[3]! Cependant, Compère Chat, nous devons refaire le pari, pour savoir lequel de nous deux mange le plus.

Le Chat accepte. Ils se mettent d'accord pour le samedi suivant [...] Mais Compère Chien surveille[4] le voleur. Il achète de la colle forte et il badigeonne[5] le couvercle de la chaudière. Le riz est prêt. Chien s'arrange pour sortir. Chat n'attend que cette occasion. Il soulève[6] le couvercle. A peine sa patte[7] s'y pose, qu'elle se colle. Il essaie de la délivrer[8] en s'aidant de la patte gauche, mais elle se colle aussi. Il s'en étonne, il dit :

— Oh! Oh! lâche-moi[9] tu entends... Qu'est-ce que je t'ai fait pour me retenir comme ça?

---

**1** surrounding area  **2** I'll get him  **3** You have my word!  **4** watching for  **5** smears
**6** lifts  **7** paw  **8** to set free  **9** let me go

Il prend appui[1] sur ses pattes de derrière afin de se libérer […]

A ce moment Cabri[2] passe. Il lui demande :

— Compère Cabri! Viens m'aider à me sortir de là pour l'amour de Dieu.

— Bèèèè! fait le Cabri. Je ne veux pas t'aider, car tu te mets avec ton ami pour me rendre la vie impossible.

C'est le tour de Cochon à passer.

— Wen! Wen! répond Cochon, toi et ton ami avez mangé mon porcelet, je ne vais pas t'aider.

Et tous les animaux à qui le chat s'adresse lui reproche quelque chose. […]

Quand il entend la voix de Chien qui s'approche, il se met à crier.

—Compère Chien dépêche-toi, vite... J'ai surpris le voleur. Je le tiens.

Le Chien vient en sifflant un air joyeux. Compère Chat miaule[3] hypocritement. Compère Chien tient une branche pour punir le voleur. Il s'exclame :

— Vraiment Compère, tu tiens le voleur? Je suis content. Arrange-toi pour que je lui donne une leçon. Voler est un vice qu'il faut punir.

Il se met à fouetter[4] le couvercle, mais au fait, c'est le chat qui reçoit les coups. Il miaule, se débat[5] jusqu'à se dégager[6] des mains du soi-disant[7] voleur. Il part et ne revient jamais.

C'est ainsi que cette grande amitié s'achève[8]. Ces deux amis deviennent «Chien et Chat».

1 stands on  2 goat  3 meows  4 to whip  5 struggles  6 to free  7 so-called  8 ends

**Pendant la lecture**

**P.** Qu'est-ce que le chat demande au cabri?

**Q.** Est-ce que le cabri aide le chat? Pourquoi?

**R.** Qui est-ce que le chien veut punir, le couvercle ou le chat?

**S.** Est-ce que le chien et le chat sont toujours bons amis à la fin de l'histoire?

# *Après la lecture*
# Activités

**1** ## Vrai ou faux?

Lis les phrases suivantes. Est-ce qu'elles sont vraies ou fausses?

**vrai**  **faux**

☐ ☐ **1.** L'histoire se passe à une époque où les chats et les chiens ne s'aiment pas.

☐ ☐ **2.** Le chien et le chat font un pari pour savoir lequel danse le mieux.

☐ ☐ **3.** Au bal, le chien danse avec une chienne à pelage tout noir.

☐ ☐ **4.** Vers 9 heures du soir, le chat retourne chez eux.

☐ ☐ **5.** Le chat mange un peu de riz et un voleur mange le reste.

☐ ☐ **6.** Le cabri aide le chat parce que le chat est son ami.

☐ ☐ **7.** Le chien fouette le cochon.

☐ ☐ **8.** A la fin de l'histoire, le chien et le chat ne sont plus amis.

**2** ## Qui parle?

Lis les phrases suivantes et détermine si c'est le chien, le chat ou le cabri qui parle. Puis, inscris dans les bulles les lettres qui correspondent aux phrases que chaque animal prononce.

**1.** «C'est bon le riz avec du hareng saur... je ne peux pas attendre...»

**2.** «Je m'amuse beaucoup ici, au bal! J'ai envie de danser toute la nuit!»

**3.** «Ils se moquent de moi, lui et son méchant ami! Ils ne sont pas du tout sympas! Je ne vais pas l'aider! Il peut rester collé pour toujours!»

**4.** «Je n'aime pas les voleurs! Je vais attraper le voleur qui a mangé mon riz!»

**5.** «Qu'est-ce qu'il y a sur ce couvercle? Oh là là! Je suis collé! Il est couvert de colle!»

**3** **Un(e) ami(e) c'est...?**

**a.** Comment peux-tu prédire qu'une personne va être un(e) bon(ne) ami(e)?

|  | Un(e) bon(ne) ami(e)... | Une personne qui n'est pas un(e) bon(ne) ami(e)... |
|---|---|---|
| **1.** ...dit toujours la vérité[1]. |  |  |
| **2.** ...demande toujours la permission avant d'emprunter[2] tes affaires. |  |  |
| **3.** ...casse[3] tes affaires. |  |  |
| **4.** ...garde toujours tes secrets. |  |  |
| **5.** ...partage toujours ses affaires. |  |  |
| **6.** ...est très jaloux (jalouse) de son ami(e). |  |  |

**b.** Quelles autres qualités doit avoir ton (ta) meilleur(e) ami(e)?

........................................................................................

**1** truth **2** borrow **3** breaks

## 4 Casse-tête

Tu dois transporter le chien, le chat et la chaudière de riz de l'autre côté d'une rivière. Ton bateau est très petit et tu peux seulement transporter une chose à la fois. Tu ne peux pas laisser le chien et le chat ensemble parce que le chien n'aime pas le chat. Tu ne peux pas laisser le chat seul avec le riz parce qu'il va manger tout le riz. Comment est-ce que tu vas les transporter tous les trois de l'autre côté de la rivière, de la rive A à la rive B?

**1.** D'abord, je transporte _____ sur la rive (A ou B) _____.

**2.** Ensuite, je transporte _____ sur la rive (A ou B) _____.

**3.** Ensuite, je transporte _____ sur la rive (A ou B) _____.

**4.** Et après, je transporte _____ sur la rive (A ou B) _____.

**5.** Enfin, je transporte _____ sur la rive (A ou B) _____.

## 5 Exprime-toi!

**1.** Reprends l'activité d'*Avant la lecture.* Est-ce que tu as deviné la fin de l'histoire correctement?

**2.** Est-ce que tu connais un autre conte ou une fable similaire? Lequel/Laquelle?

# Un peu plus...

## Note culturelle

Le créole est une langue chantante synonyme des îles. Ainsi, il est parlé de la Réunion (île située dans l'océan Indien), à Haïti (située dans la mer des Caraïbes) ou encore à la Martinique et à la Guadeloupe. Le créole provient du contact entre le français, l'espagnol, le portugais, l'anglais, le néerlandais et les langues indigènes des Antilles. Il existe différents types de créole. Le créole parlé dans les îles des Antilles, comme la Martinique, la Guadeloupe, Sainte Lucie, la Dominique ou Haïti a une base française. Le créole de la Jamaïque a une base anglaise. Si le créole n'a pas toujours été reconnu comme une langue à part entière, aujourd'hui on l'étudie, on l'édite et il est reconnu au même titre qu'une langue nationale.

### Expressions créoles et leurs équivalents français

| | |
|---|---|
| Mésyé zé dam bonjour. | *Bonjour Messieurs-Dames.* |
| Sa ou fé? | *Comment ça va?* |
| Pu bon i bon memm! | *C'est vraiment fameux! (délicieux)* |
| Es ou tandé sa mwen di ou? | *As-tu entendu ce que j'ai dit?* |
| A ondot solèy | *Au revoir, à plus tard (A un autre soleil)* |
| An nou zouké oˆswé a! | *Allons danser ce soir!* |
| Zafé kò a-w! | *Tant pis pour toi!* |
| Pa vwé a-y! | *Ce n'est pas vrai!* |
| Débouyé kò a-w! | *Débrouille-toi! (You'll have to manage on your own!)* |

## 1 Tu parles créole?

Utilise les mots et expressions créoles de la Note culturelle pour répondre aux questions suivantes.

1. Compère Chien et Compère Chat arrivent au bal et retrouvent leurs amis. Qu'est-ce qu'ils disent à leurs amis?

2. Au bal, Compère Chat rappelle leur pari à son ami, mais Compère Chien ne l'écoute pas. Qu'est-ce qu'il lui dit?

3. Compère Chat quitte ses amis et rentre chez lui après le bal. Qu'est-ce qu'il dit à ses amis avant de partir?

4. Compère Chat trouve que le riz au hareng saur est très bon. Qu'est-ce qu'il dit?

5. Compère Cabri ne veut pas aider Compère Chat. Qu'est-ce qu'il lui dit?

## 2 Proverbes

Lequel de ces deux proverbes est illustré? Quel est son équivalent anglais?

1. *Sa ki pa bon pou zwa pa bon pou kan na*
   Ne fais pas à autrui ce que tu ne voudrais pas qu'on te fasse.

2. *Tout manjé bon pou manjé, tout paròl pa bon pou di.*
   *Toute nourriture est bonne à manger, toute parole n'est pas bonne à dire.*

# Glossaire

# Réponses

# Références

# Glossaire

**A**

**à** *to, in (a city or place)*
**à cause de** *because of*
**à l'endroit** *right side up*
**à l'envers** *right side down*
**abandonner** *to leave, to abandon*
d' **abord** *first*
l' **absurde(m.)** *absurd*
**accompagner** *to accompany, to go with, to come with*
d' **accord** *OK*
s' **accrocher** *to hold on*
**accroupi** *seated; squatted*
**accueillir** *to welcome*
l' **achat(m.)** *the purchase*
**acheter** *to buy*
s' **achever** *to end*
l' **acte de naissance(m.)** *birth certificate*
l' **activité(f.)** *activity*
**admirer** *to admire*
**adorer** *to adore*
s' **adresser à qn** *to speak to sb, to address sb*
l' **aérobic(f.)** *aerobics*
l' **affaire(f.)** *case; bargain*
**quelle affaire!** *what a bargain!; what a deal!*
**l'affaire est conclue** *the deal is closed*
les **affaires(f.pl.)** *things, belongings*
l' **affiche(f.)** *poster*
**afficher** *to post, to display*
l' **affirmation(f.)** *assertion, statement*
l' **âge(m.)** *age*
s' **agir**
**de qui s'agit-il?** *who is it about?*
**agréable** *pleasant*
l' **aide(f.)** *help*

**aider** *to help*
l' **aile(f.)** *wing*
**ailleurs** *elsewhere*
**aimer** *to like; to love*
**ainsi** *in this way, in this manner, thus*
l' **air(m.)** *tune*
l' **algèbre(f.)** *algebra*
**aligner** *to align, to line up*
**alléchant(e)** *tempting*
l' **allemand(m.)** *German*
**aller** *to go*
**avant d'aller** *before going*
**ça va** *(it's) OK*
**comment vas-tu?** *how are you?*
**s'en aller** *to go away*
**allons** *let's go*
**alors** *then*
l' **ami(m.), amie(f.)** *friend*
l' **amitié(f.)** *friendship*
l' **amour(m.)** *love*
s' **amuser** *to have fun, to play*
**amuse-toi bien** *have fun*
l' **an(m.)** *year*
l' **anglais(m.)** *English (language)*
l' **Angleterre(f.)** *England*
l' **anneau(m.)** *ring*
l' **année(f.)** *year*
l' **anniversaire(m.)** *birthday*
l' **annuaire(m.)** *phone book*
**antérieur(e)** *previous*
**anticiper** *to anticipate*
**apparaissent (inf. apparaître)** *they appear*
l' **appareil(m.) électroménager** *appliance*
l' **appartement (m.)** *apartment*
**appeler** *to call*
**je m'appelle** *my name is*
**apporter** *to bring*
**apprécier** *to appreciate, to value*
**apprendre** *to learn*
**j'apprends** *I learn*

s' **approcher** *to come near*
l' **appui(m.)** *support*
**prendre appui** *to stand on*
**après** *after*
d' **après** *according to*
**après-demain** *day after tomorrow*
l' **après-midi(m.)** *afternoon*
l' **argent(m.)** *money*
l' **arôme(m.)** *aroma*
s' **arranger** *to manage*
**arrêter** *to stop*
**arriver** *to arrive, to happen*
**art** *art*
**art de vivre** *art of living*
l' **artiste** *artist*
s' **asseoir** *to sit down*
**assez** *enough, rather*
**assidûment** *assiduously*
**assister** *to attend*
l' **atelier(m.)** *workshop*
**attacher** *to tie*
l' **attaque(f.)** *attack*
**attaquer** *to attack*
**attendre** *to wait*
**attendez** *wait a minute*
**attentif(m.), attentive(f.)** *attentive, careful*
**Attention!** *Careful!*
l' **attestation(f.)** *affidavit, certificate*
**attirer** *to attract*
**au lieu de** *instead of*
**au-dessus de** *above*
**au fait** *by the way*
l' **augmentation(f.)** *increase*
**augmenter** *to increase*
**aujourd'hui** *today*
**aurai (inf. avoir)**
**je l'aurai** *I'll get him*
**aussi** *also, too; so, as*
**moi aussi** *me too*
**aussi bien… que** *as well. . . as*
**autant** *as much, as many*

**autant de fois que** *as many times as*

**autant manger à la maison** *you might as well eat at home*

l' **auteur(m.)** *author*

**autoriser** *to authorize*

**autour** *around*

l' **autre(m.)(f.)** *other*

**autre chose** *something else*

**autrement** *otherwise*

**avais (j'avais) (inf. avoir)** *I had*

à l' **avance** *in advance, beforehand*

s' **avancer** *to move forward*

**avant (de)** *before*

l' **avantage(m.)** *advantage*

**avec** *with*

l' **avis(m.)** *opinion*

**avoir** *to have*

**avoir l'air** *to look (happy, good, etc...)*

**avoir...ans** *to be...years old*

**avoir besoin de** *to need*

**avoir droit à** *to have the right*

**avoir envie de** *to want, to feel like*

**avoir faim (soif)** *to be hungry (thirsty)*

**avoir hâte de** *to be eager to, to look forward to*

**avoir lieu** *to take place*

**avoir du mal à** *to have a hard time (doing something)*

**avoir le mal de mer** *to be seasick*

**avoir peur** *to be afraid*

**avouer** *to admit*

à **babord** *to port (to the left side)*

**badigeonner** *to smear*

la **baisse** *fall, drop, decrease*

**baisser** *to lower*

le **bal** *dance*

se **balader** *to go for a walk; to wander*

le **balai** *broom*

le **ballon** *ball*

le **banc** *bench*

la **bande** *band, group, gang*

la **banlieue** *suburbs*

la **banque** *bank*

**barbant(e)** *boring*

le **bas** *bottom*

**en partant du bas** *starting from the bottom*

**baser (sur)** *to base (on)*

le **bateau** *boat, ship*

le **bâton** *stick*

**beau(m.) belle(f.)** *nice, beautiful, pretty*

**il fait beau** *it's nice weather*

**beaucoup (de)** *much, many, a lot (of)*

**belle(f.)** *nice, pretty*

la **belle-mère** *mother-in-law, stepmother*

**besoin**

**avoir besoin de** *to need*

**bien** *good, well*

**très bien** *very good, very well*

**bien sûr** *of course*

**bientôt** *soon*

le **bijou (les bijoux)** *jewel*

le **bijoutier** *jeweller*

le **billet** *ticket; bill (money)*

**prendre les billets** *to buy the tickets*

la **biologie** *biology*

le **biscuit** *cookie*

**bizarre** *strange, odd, peculiar*

la **blague** *joke, trick*

**blanc(m.), blanche(f.)** *white*

**bleu(e)** *blue*

**blond(e)** *fair, blond*

le **bœuf** *ox; beef*

**bof!** *(expression of indifference)*

**boire** *to drink*

**boire un verre** *to have a drink*

la **boisson** *drink, beaverage*

**boiter** *to limp*

la **bôme** *boom (of a ship)*

**bon!** *right! OK!*

**bon(m.), bonne(f.)** *good*

le **bonbon** *piece of candy*

la **bosse** *bump*

la **bouche** *mouth*

le **bouche à oreille** *word of mouth*

le **boucher** *butcher*

la **boucherie** *butcher shop*

le **boulanger** *baker*

la **boulangerie** *bakery*

la **bouteille** *bottle*

le **bracelet** *bracelet*

la **branche** *branch*

le **bras** *arm*

**bref** *brief, short*

**en bref** *in short*

**briller** *to shine*

**brun(e)** *brunette*

**bruyant(e)** *noisy*

le **bureau** *office*

le **bureau de tabac** *tobacco shop*

le **but** *goal, purpose*

**c'est** *it is*

**c'est-à-dire** *that is to say*

**c'est à vous** *it's your turn*

**c'est pas grave** *don't worry about it*

**c'est tout** *that's all*

**ça** *that, it*

**Ça va?** *how are you? how are things?*

**ça va** *fine*

**Ça vous dit?** *Do you feel like it?*

**ça ne me dit rien** *it doesn't interest me*

la **cabine téléphonique** *telephone booth*
le **cabri** *kid (goat)*
**caché** *hidden*
le **café** *café; coffee*
le **cahier** *notebook*
la **caisse** *crate; cash register*
la **calculatrice** *calculator*
la **campagne** *country*
la **cantatrice** *soprano, opera singer*
la **cantine** *cafeteria*
**car** *because*
la **carotte** *carrot*
la **carrière** *career*
la **carte** *card, map*
la **carte d'identité** *identity card*
la **carte postale** *postcard*
**casser** *to break*
la **cassette** *tape, cassette*
à **cause de** *because of*
**ce, cet, cette** *this, that*
**célèbre** *famous*
les **célébrités(f.pl.)** *famous people*
**celui(m.) celle(f.) ceux(m.pl.) celles(f.pl.)** *this one, that one, these ones*
**celui-ci** *this one*
**celui-là** *that one*
le **centre** *center*
le **centre-ville** *downtown*
**cependant** *nevertheless, however*
**certainement** *certainly, most probably*
le **certificat** *certificate*
le **CES** *secondary school*
**ceux** *those*
**chacun(e)** *each (one of us)*
la **chaîne** *channel*
la **chaise** *chair*
la **chance** *luck*
**changer** *to change*
le **chant** *singing, song*
**chaque** *each*
**charger** *to load; to entrust with*

**se charger de** *to take care of*
le **chariot** *shopping cart*
**chasser** *to track down*
le **chat** *cat*
**chaud** *hot*
**il fait chaud** *it's hot*
la **chaudière** *large cooking pot*
la **chaussure** *shoe*
**chauve** *bald*
**cher(m.), chère(f.)** *dear; expensive*
**chercher** *to look for; to look up*
**venir chercher** *to come for*
**aller chercher** *to go for, to go and fetch*
**chérie** *darling*
**chez** *at (to) someone's house*
le **chien** *dog*
la **chienne** *female dog*
la **chimie** *chemistry*
le **chocolat** *chocolate*
**un chocolat** *hot chocolat*
**choisir** *to choose*
le **choix** *choice*
la **chose** *thing*
**autre chose** *something else*
**chouette** *great*
**c'est chouette** *it's great, cute, smashing*
**ci-dessous** *below*
le **ciel** *sky*
le **cinéma** *movie theater; movies*
**cinq** *five*
**citer** *to quote*
la **citrouille** *pumpkin*
la **classe** *class; classroom*
le **classeur** *loose-leaf binder*
le **climat** *climate*
le **cochon** *pig*
le **cœur** *heart*
**à cœur joie** *to one's heart's content*

le **coin** *corner*
**coincer** *to jam*
la **colle** *glue*
**la colle forte** *super glue, cement glue*
le **collège** *junior high school*
le **collier** *necklace*
**combien** *how many*
le **commandant** *major*
**commander** *to order*
**comme** *like, as, since*
**comme ça** *that way*
**comme si** *as if*
**commencer** *to begin, to start*
**comment** *what; how*
**commenter** *to give a commentary on*
le **commis voyageur** *traveling salesman*
**commun** *common*
le **compagnon** *companion*
le **compère** *pal*
**compléter** *to complete*
se **composer de** *to consist of*
**composer(un numéro de téléphone)** *to dial*
le **compositeur** *composer*
**comprendre** *to understand*
**compris** *understood*
**compter** *to count*
la **confiture** *jam, jelly*
la **connaissance**
**faire la connaissance de qn** *to meet s.o., to make s.o.'s acquaintance*
**connaître** *to know*
se **connaître** *to know one another*
**connu(e)(s)(es)** *known*
**conseiller** *to recommend*
**considérer** *to consider*
**consister** *to consist of*
**constituer** *to form*
le **conte** *tale, story*
**le conte de fées** *fairy tale*
**contenir** *to contain*
**content(e)** *happy, pleased*
**continuer** *to continue*

le **contraire** *opposite*
**convaincre** *to convince*
le **copain** *pal, friend, buddy*
**copier** *to copy*
le **coquillage** *shellfish*
la **cordonnerie** *shoe-repairer's shop*
le **cordonnier** *cobbler*
**correspondant(e)** *pen pal*
**corriger** *to correct*
le **corsaire** *pirate*
la **côte** *slope, hillside; coast*
le **côté** *side*
   **à côté** *next to*
**coton** *cotton*
**coudre** *to sew*
la **couleur** *color*
le **coup** *blow*
**coupable** *guilty*
le **courant d'air** *draft*
la **courge** *squash*
le **cours** *course, class*
   le **cours de danse** *dance class*
la **course** *errand, race*
   **une course contre la montre** *race against the clock*
   **faire les courses** *to do the shopping*
le **courtisan** *courtier*
le **cousin** *male cousin*
la **cousine** *female cousin*
la **couture** *sewing*
   **la haute couture** *haute couture*
le **couturier** *designer*
le **couvercle** *lid*
le **couvert** *place setting, silverware*
le **crayon** *pencil*
le **crayon de couleur** *colored pencil*
**créer** *to create*
la **crème** *cream*
   **la crème solaire** *sunscreen*
le **creux** *hollow, hole*
**crier** *to shout*
**critiquer** *to criticize*

**croire** *to believe, to think*
**Tu crois?** *Do you think so?*
le **croissant** *croissant*
la **cuisine** *kitchen*
la **curiosité** *curiosity*

**D**

**dans** *in*
**danser** *to dance*
se **débattre** *to struggle*
se **débrouiller** *to manage on one's own*
**déchiffrer** *to decipher, to decode*
**déchirer** *to tear*
**décider** *to decide*
**découvrir** *to discover*
**décris (inf. décrire)** *describe*
**décrocher** *to pick up the receiver*
**dedans** *inside*
**déduire** *to deduct; to deduce, to infer*
le **défilé** *parade*
   **le défilé de mode** *fashion show*
**déformer** *to distort*
**dégager** *to bring out*
se **dégager** *to free oneself*
**dehors** *outside*
   **en dehors de** *apart from*
**déjà** *already*
**délivrer** *to set free*
**demander** *to ask*
se **demander** *to ask oneself*
le **demi** *half*
la **demi-heure** *half-hour*
le **département**
   **le département d'outre-mer** *overseas department*
**dépayser** *to give a welcome change of scenery*
**dépêche-toi** *hurry up*
**dépenser** *to spend*

**déposer** *to drop off*
**déprimé(e)** *depressed*
**depuis** *since, for*
la **dérive** *centerboard (of a ship)*
le **dériveur** *dinghy, little boat*
**dernier(m.), dernière(f.)** *last*
**dès que** *as soon as*
**descendre** *to go down*
**déséquilibrer** *to throw off balance*
le **désir** *wish, desire*
**désirer** *to desire, to want*
   **Vous désirez?** *What would you like?*
**désolé(e)** *sorry*
le **dessert** *dessert*
**dessiner** *to draw*
**dessus** *on it; on top of it*
**détester** *to hate*
le **détour** *detour*
**deux** *two*
**devant** *in front of; before*
**développer** *to develop*
**devenir** *to become*
**deviner** *to guess*
les **devoirs(m.pl.)** *homework*
le **dictionnaire** *dictionary*
**dieu** *god*
   **Mon Dieu!** *My goodness!*
**différent(e)** *different*
**difficile** *difficult; fussy*
**dimanche** *Sunday*
   **le dimanche** *on Sundays*
la **dinde** *turkey*
**dire** *to tell, to say*
   **Ça te dit?** *Do you feel like it?*
   **dire que...** *to think...*
   **on dirait** *it looks like*
   **sans rien dire** *without saying anything*
   **ça veut dire** *that means*
   **c'est-à-dire** *that is to say*
**directement** *directly*
le **directeur (de l'école)** *principal*
**discuter** *to discuss*

**disparaître** *to disappear*
la **disparition** *disappearance*
**distrait(e)** *distracted*
le **distributeur** *vending machine*
**dites: dites-moi** *tell me*
  **dites donc** *listen, by the way*
**divorcer** *to divorce*
**dix** *ten*
**doit (inf. devoir)**
  **il/elle/on doit** *he/she/one has to, must*
**doivent (inf. devoir)**
  **ils/elles doivent** *they have to, must*
le **domicile** *residence*
**dommage**
  **c'est dommage!** *what a pity, a shame!*
**donc** *therefore, thus*
**donner** *to give*
  **c'est donné** *it's a steal*
**dormir** *to sleep*
le **dos** *back*
**doucement** *slowly*
**doute** *doubt*
**dramatique** *dramatic*
**droit(e)** *right*
**drôle** *funny*
**dû (inf. devoir)**
  **il a dû** *he had to*
**durer** *to last*

l' **eau(f.)** *water*
  **eau minérale** *mineral water*
l' **écharde(f.)** *splinter*
l' **école(f.)** *school*
  **l'école maternelle** *kindergarten*
**économiser** *to save*
**écorché** *skinned*
**écouter** *to listen (to)*
l' **écran(m.)** *screen*
**écrire** *to write*

l' **écriture(f.)** *handwriting*
l' **écrivain(m.)** *writer*
l' **éducation(f.)** *education*
l' **effet** *effect*
  **en effet** *in fact, the fact is; sure enough; indeed*
**également** *also*
l' **élève(m.)** *student*
**elle** *she; her*
**embarquer** *to embark, to take on board, to board*
**embêter** *to bother*
  **être embêté** *to be puzzled*
l' **empereur(m.)** *emperor*
l' **emplacement(m.)** *place, location*
l' **emploi(m.) du temps** *schedule*
**emprunter** *to borrow*
**en** *some of it, of them, any, none*
  **tu en fais souvent** *you do that often*
**encore** *still, yet*
l' **endroit(m.)** *place*
l' **enfant(m.)** *child*
**enfin** *finally, at last*
**enlever** *to take off*
l' **enquête(f.)** *investigation*
l' **enseigne(f.)** *sign*
**ensemble** *together*
**ensuite** *then*
**entendre** *to hear*
l' **enterrement** *burial*
**entier** *whole*
**entre** *between*
l' **entrée(f.)** *entrance; appetizer*
**entrer** *to go in, to come in*
à l' **envers** *upside down, inside out*
l' **environnement(m.)** *environment*
**envoyer** *to send*
l' **époque** *time*
l' **époux** *spouse*
l' **équipe(f.)** *team*
l' **escale(f.)** *stop, port of call*
l' **escroc** *crook, thief*
l' **espace** *space*

**espagnol** *Spanish*
**essayer** *to try*
l' **est(m.)** *east*
**étais (inf. être)**
  **si j'étais resté où j'étais** *if I had stayed where I was*
**été (inf. être)**
  **a été** *was*
l' **été(m.)** *summer*
l' **étendue(f.)** *area*
l' **étoffe(f.)** *fabric*
**étonner**
  **ça ne m'étonne pas** *no wonder; I am not surprised*
s' **étonner** *to be amazed, to wonder, to marvel*
**étourdi(e)** *scatterbrain*
l' **étudiant(e)** *student*
**étudier** *to study*
**Euh... (excl.)** *Er. . .*
l' **événement** *event, occurence*
**éventuellement** *possibly, if need be*
**évidemment** *of course*
l' **évidence(f.)** *obviousness, evidence*
**éviter** *to avoid*
**exagérer** *to exaggerate*
l' **examen(m.)** *exam*
s' **exclamer** *to exclaim, to shout*
l' **exemple(m.)** *example*
  **par exemple** *for example*
l' **explication(f.)** *explanation*
**expliquer** *to explain*
l' **explorateur(m.)** *explorer*
l' **explosion(f.)** *explosion*
l' **extérieur(m.)** *outside*
s' **exprimer** *to express o.s.*
  **exprime-toi** *express yourself*

**facile** *easy*

**facilement** *easily*
**facilité(e)** *made easier*
la **faim** *hunger*
  **il a faim** *he is hungry*
**faire** *to do, to make*
  **faire les cent pas** *to pace back and forth*
  **faire de la voile** *to go sailing*
**fait**
  **au fait** *by the way*
  **il fait froid** *it's cold*
  **il fait beau** *it's nice weather*
le **fait** *fact*
**faites (inf. faire)**
  **vous faites** *you make, you do*
**fameux(m.), fameuse(f.)** *famous*
**familial(e)(m.pl.aux)** *family, domestic*
**familier(m.), familière(f.)** *familiar*
la **famille** *family*
il **faut (inf. falloir)** *you have to, you need to*
  **il faut choisir** *you need to choose*
**faut (inf. falloir)**
  **il me faut** *I need*
la **faute** *fault*
**faux(m.), fausse(f.)** *false*
la **femme** *wife*
**fermer** *to close*
  **fermer à clé** *to lock*
la **fête** *feast*
le **feu** *fire*
  **feu doux** *slow heat*
la **feuille** *sheet; leaf*
  **la feuille de papier** *sheet of paper*
**fier(m.), fière(m.)** *proud*
le **fil** *thread*
la **fille** *girl, daughter*
le **film** *movie, film*
le **fils** *son*
la **fin** *end*
**finalement** *finally*
**fini(e)** *finished, ended, over*

le **foie** *liver*
la **fois** *time*
  **une fois** *once*
  **il était une fois** *once upon a time*
le **fonctionnaire** *civil servant*
le **fondateur** *founder*
**fou** *crazy*
**fouetter** *to whip*
le **four** *oven*
les **fournitures scolaires(f.pl.)** *school supplies*
le **français** *French (language)*
  **français(e)** *French (adj.)*
**frapper** *to knock*
la **fréquentation** *the action of frequenting*
**fréquenter** *to frequent*
le **frère** *brother, friar*
le **frigo** *fridge, refrigerator*
**frissonner** *to shiver*
**froid(e)** *cold*
  **il fait froid** *it's cold (weather)*
le **fromage** *cheese*
le **front** *forehead*
le **fruit** *fruit*
**fur**
  **au fur et à mesure** *as one goes along*
**furieux(m.), furieuse(f.)** *furious*

**gagner** *to win*
le **garçon** *boy*
  **garçon de café** *waiter*
**garder** *to keep*
  **garder des enfants** *to baby-sit*
le **gardien (la gardienne)**
  **le gardien de but** *goalkeeper*
la **gare** *station*
**garer** *to park*
se **garer** *to park*

le **gâteau (pl. gâteaux)** *cake*
  **le gâteau sec** *cookie*
le **gendarme** *policeman*
la **gendarmerie** *police station*
en **général** *generally*
**génial(e)** *great*
le **genre** *genre*
les **gens (m.pl.)** *people*
**gentil (m.), gentille (f.)** *nice*
la **géométrie** *geometry*
la **gifle** *slap in the face*
le **gilet de sauvetage** *life jackets*
la **glace** *ice; ice cream*
**glacial** *icy, freezing*
le **glaçon** *ice cube*
la **gomme** *eraser*
le **goût** *taste*
**goûter** *to taste*
**grâce à** *thanks to*
le **grain** *grain*
**grand(e)** *tall, big, large*
la **grand-mère** *grandmother*
le **grand-père** *grandfather*
les **grands-parents (m.pl.)** *grandparents*
**gratuit(e)** *free*
**grave** *serious*
le **grenier** *attic*
le **grille-pain** *toaster*
**gris(e)** *gray*
**gros(m.), grosse(f.)** *big, large*
le **gymnase** *gymnasium*

**habillé** *dressed*
l' **habit(m.)** *clothes*
**habiter** *to live*
l' **habitude(f.)** *habit*
  **comme d'habitude** *as usual*
l' **habitué(e)** *regular (customer)*
**habituellement** *usually*

le **hall** *hall, lobby, entrance hall*

le **hareng saur** *herring, fish*
**hasard**
  **par hasard** *by chance*
**haut(e)** *high*
  **sur le haut de** *on top of*
l' **hérédité** *heredity*
l' **hésitation(f.)** *hesitation*
  **hésiter** *to hesitate*
l' **heure(f.)** *time, o'clock*
  **à tout à l'heure** *see you later*
  **heureusement** *fortunately*
l' **histoire(f.)** *history, story*
l' **hiver(m.)** *winter*
le **hockey** *hockey*
  **le hockey sur glace** *ice hockey*
l' **homme(m.)** *man*
  **honnête** *honest*
l' **hôte(m.), hôtesse(f.)** *host*
l' **humour(m.)** *humor*
l' **hypocrite(m.)(f.)** *hypocrite*

**ici** *here*
  **par ici** *around here, this way*
l' **idée(f.)** *idea*
l' **idiot(m.)** *idiot, fool*
  **il y a** *there is, there are*
  **qu'est-ce qu'il y a?** *what is it?*
l' **île** *island*
  **illimité** *unlimited*
  **immédiatement** *immediately*
  **immense** *huge*
l' **impatience(f.)** *impatience*
  **imprimer** *to print*
  **inattendu(e)** *unexpected*
l' **incapable(m.)** *incapable, incompetent*
  **indiquer** *to indicate, to show*

**indispensable** *essential, indispensable*
l' **informatique(f.)** *computer science*
l' **ingénieur(m.)** *engineer*
  **inquiet (m.), inquiète(f.)** *worried*
  **insolite** *unusual, strange*
  **installer** *to install*
s' **intéresser à** *to be interested in*
l' **intérieur(m.)** *inside*
  **interroger** *to question, to ask, to interview*
  **interrompre** *to interrupt*
  **interviennent (inf. intervenir)** *intervene, are brought in*
l' **intrigue(f.)** *plot*
l' **intrus(m.)** *intruder, odd one*
l' **invité(e)** *guest*
  **invraisemblable** *unlikely, improbable*
l' **ironie** *irony*

**jaloux(m.), jalouse(f.)** *jealous*
**jamais** *never*
le **jambon** *ham*
**jaune** *yellow*
le **jean** *denim, pair of jeans*
**jeter** *to throw*
le **jeu (pl. jeux)** *game*
**jeudi** *Thursday*
  **le jeudi** *on Thursdays*
**jeune** *young*
le **jogging** *jogging*
**jouer** *to play*
les **joueurs(m.pl.) les joueuses(f.pl.)** *players*
le **jour** *day*
le **journal** *diary*
**juger** *to judge*
le **jus** *juice*
  **le jus de fruit** *fruit juice*

**juste** *correct*

le **kilo** *kilogram*

**là** *here*
**là-bas** *there*
le **laboratoire** *laboratory*
**lâcher** *to let go*
**laisser** *to leave*
le **lait** *milk*
  **laitier(m.), laitière(f.)** *dairy*
le **langage** *language*
la **langue** *language*
la **leçon** *lesson*
le **lecteur** *reader*
le **lecteur DVD** *DVD player*
la **lecture** *reading*
  **léger** *light*
le **légume** *vegetable*
  **l'étoffe** *fabric*
la **lettre** *letter*
  **leur** *their; them*
  **lever** *to raise*
se **libérer** *to free us*
  **lier** *to link*
le **lieu** *place*
  **au lieu de** *instead of*
la **ligne** *line*
la **limonade** *lemon soda*
  **lire** *to read*
la **liste** *list*
  **littéraire** *literary*
la **littérature** *literature*
le **livre** *book*
  **loin (de)** *far (from)*
  **longtemps** *a long time*
  **lors de** *at the time of*
  **lourd(e)** *heavy*
  **lui** *him; (to, for) him/her*

le **luxe** *luxury, wealth*
**luxueux(m.),**
    **luxueuse(f.)** *luxurious*
le **lycée** *high school*

**ma** *my*
la **machine à laver la**
    **vaiselle** *dishwasher*
le **magasin** *store, shop*
  **faire les magasins** *to go*
    *shopping*
  **magique** *magic*
  **magnifique** *magnificent*
  **maigre** *skinny*
la **main** *hand*
  **maintenant** *now*
le **maire** *mayor*
la **mairie** *city hall*
  **mais** *but*
la **maison** *house*
la **Maison des jeunes** *recreation center*
le **mal de mer** *seasickness*
  **malade** *ill, sick*
la **maman** *mommy, mother*
  **mangeant (inf. manger)**
    *while eating*
  **manger** *to eat*
  **il mangeait** *he was eating*
la **manifestation** *demonstration*
  **manquer** *to miss, to fail*
  **à ne pas manquer** *not to be missed*
  **il ne manquait plus que**
    **ça** *that's all I needed*
le **mariage** *wedding*
le **marié** *groom*
la **mariée** *bride*
se **marier** *to get married*
le **marin** *sailor*
  **il a le pied marin** *he is a born sailor*
la **marmite** *cooking pot*
la **marque** *brand*
  **marquer** *to mark*

  **marron** *brown*
le **masseur** *massage therapist*
le **match** *game*
les **maths (mathématiques) (f.pl.)** *math*
le **matin** *morning*
  **mauvais** *bad*
  **meilleur(e)** *best*
le **mélange** *mixture*
le **melon** *melon, cantaloupe*
le **membre** *member*
  **même** *same*
  **même si** *even if*
  **mensuel(m.),**
    **mensuelle(f.)** *monthly*
la **mer** *sea*
  **au bord de la mer** *at the seaside*
  **merci** *thank you*
  **mercredi** *Wednesday*
la **mère** *mother*
  **mes** *my*
le **métier à tisser** *weaving loom*
  **mettre** *to put*
  **se mettre à rire** *to start laughing*
se **mettre d'accord** *to agree*
  **miauler** *to meow*
le **micro-onde** *microwave*
  **midi** *noon*
  **mieux** *better*
  **j'aime mieux** *I prefer*
le **milieu** *middle*
  **au milieu** *in the middle*
  **mine**
  **faire mine de** *to pretend*
le **ministère**
  **ministère de la**
    **Défense** *department of defense*
  **ministère de l'Intérieur**
    *department of Interior, Home Office*
le **ministre** *minister*
  **minuit** *midnight*
  **mis (inf. mettre)**
  **je n'y ai jamais mis les**
    **pieds** *I have never been*

  *there*
le **modèle** *model*
  **moi** *me*
  **moindre** *least*
  **moins** *less*
  **le/la/les moins** *the least*
  **au moins** *at least*
  **moins le quart** *quarter to/of (the hour)*
le **mois** *month*
la **moitié** *half*
  **le moment** *moment, time*
  **en ce moment** *now*
  **mon** *my*
le **monde** *people; world*
  **tout le monde** *everybody*
  **mondialement** *throughout the world*
  **monotone** *monotonous*
  **monsieur** *Mr., sir; gentleman*
  **monter** *to climb*
la **montre** *watch*
  **montrer** *to show*
  **montrer du doigt** *to point at*
se **montrer** *to appear; to show off*
se **moquer de** *to make fun of, to laugh at*
  **mort** *dead*
le **mot** *word*
le **motif** *design*
le **moyen** *means*
  **moyen(m.), moyenne(f.)** *average*
le **muscle** *muscle*
le **musée** *museum*
la **musique** *music*
le **mystère** *mystery*

  **nager** *to swim*
le **narrateur** *narrator*
la **natation** *swimming*
  **faire de la natation** *to swim*

**Glossaire**

**naturel(m.), naturelle(f.)** *natural*
**naviguer** *to sail*
**n'est-ce pas?** *Isn't it?*
**ne… que** *only*
  **il n'en n'a que le nom** *it has only the name*
**neuf(m.), neuve(f.)** *new*
le **neveu, (pl. les neveux)** *nephew*
la **nièce** *niece*
**noir(e)** *black*
le **nom** *name*
**nombreux(m.pl.), nombreuses(f.pl.)** *numerous*
**nommer** *to name*
**non plus** *neither*
la **note** *note; grade*
**noter** *to write down, to note down*
**nouer** *to tie, to knot*
la **nourriture** *food*
**nouveau(m.), nouvel(m.), nouvelle(f.), nouveaux(m.pl.), nouvelles(f.pl.)** *new*
la **novice** *novice, beginner*
**nu** *naked*
la **nuit** *night*
**nulle part** *nowhere*
le **numéro** *number*

l' **objet** *object*
**obligatoire** *mandatory*
**obligatoirement** *necesssarily*
**obtenir** *to obtain, to get*
s' **occuper de** *to take care of, to take an interest in*
l' **œuf(m.)** *egg*
les **œuvres d'art** *works of art*
**offrir** *to offer*
l' **oiseau(m.)** *bird*

l **offert(e) (inf. offrir)** *offered*
l' **oncle(m.)** *uncle*
l' **or** *gold*
**ordinaire** *ordinary*
l' **ordinateur(m.)** *computer*
l' **ordre** *order*
**organiser** *to organize*
l' **orthographe(f.)** *spelling*
**oser** *to dare*
**où** *where*
l' **oubli** *missing, forgetting, leaving behind*
**oublier** *to forget*
l' **ouest(m.)** *west*
**Ouf!** *Phew! (sigh of relief)*
**ouvert(e)** *open*
l' **ouvreuse(f.)** *woman usher*
**ouvrir** *to open*

la **paix** *peace*
le **palet** *puck*
le **palmier** *palm tree*
le **pansement** *bandage*
le **pantalon** *(pair of) pants*
**papa** *dad, daddy*
le **papier** *paper*
un **paquet** *parcel*
le **paquet de bonbons** *box of candies*
**par** *by*
  **par ici** *around here; this way*
  **par là** *that way*
  **par contre** *on the contrary*
les **parages(m.pl.)** *surrounding area*
le **parc** *park*
le **parent** *parent*
le **paréo** *pareu*
le **pari** *bet*
le **parisien** *Parisian*
**parler** *to speak, to talk*
**parmi** *among*

la **parole** *word*
  **parole de chien** *you have my word*
**part** *share*
  **à part** *aside*
**partager** *to share*
**participer** *to participate*
la **partie** *part*
**partir** *to leave*
**partout** *everywhere*
**passer** *to pass, to go by*
se **passer** *to take place*
  **Qu'est-ce qui se passe?** *What's going on?*
  **passer un bon moment** *to have a good time*
**passionnant** *exciting*
le **pâté** *pâté*
la **patinoire** *skating rink*
les **patins à glace(m.pl.)** *ice skates*
  **faire du patin à glace** *to go ice-skating*
le **patron** *boss*
la **patte** *paw*
**pauvre** *poor*
**payer** *to pay*
le **pays** *country*
la **pêche** *peach*
à **peine** *hardly*
le **peintre** *painter*
le **pelage** *coat, fur*
**pendant** *during*
  **pendant que** *while*
**pénétrer** *to enter*
**penser** *to think*
**perdre** *to lose*
**perdu (inf. perdre)** *lost*
le **père** *father*
**permettre** *to permit, to allow*
le **personnage** *character*
la **personne** *person*
  **il n'y a personne** *there is no one, nobody*
**peser** *to weigh*
  **peser le pour et le contre** *to weigh the pros and cons*

petit(e) *small, little, short*
tout(e) petit(e) *very small, little; tiny*
peu *some; little, not very, not much*
à peu près *about, approximately*
un peu *a little*
peut-être *maybe*
peux (inf. pouvoir) je/tu peux *I/you can*
la pharmacie *pharmacy*
la photo *photograph, picture*
la photographie *photography*
faire de la photographie *to take photographs, to do photography*
la phrase *sentence*
la pièce *play; room; coin*
le pied *foot*
pieds nus *barefoot*
pincer *to pinch*
pince-moi *pinch me*
la place *seat; room; place, placing; public square*
à la place de *instead of*
la plage *beach*
plaire *to please*
ça me plaît *I like it*
plaisant(e) *pleasant*
le plaisir *pleasure*
plaît : s'il vous plaît *please*
le plan *plan*
le plancher des vaches *dry land*
la plante *plant*
la plaque chauffante *ceramic-glass cooktop*
le plat *dish*
le plateau *tray*
plein(e) *full*
la pluie *rain*
plus *more*
de plus en plus *more and more*
en plus *moreover*
le plus *most*

plus tard *later*
plusieurs *several*
plutôt *rather; instead*
la poche *pocket*
le podium *podium*
les pois (m.pl.) *peas*
le poisson *fish*
poli(e) *polite*
la politesse *politeness, courtesy*
la pomme *apple*
la pomme de terre *potato*
pauvre *poor*
le pop-corn *popcorn*
populaire *popular, of the people*
le porc *pork*
le porcelet *piglet*
le portable *cellular phone*
la porte *door*
le portefeuille *wallet*
porter *to carry; to wear*
poser *to put, to lay*
poser (une question) *to ask*
la poste *post office*
le poteau *post*
le poulet *chicken*
pour *for*
le pourboire *tip*
pourquoi *why*
pourquoi pas *why not*
pourrait (inf. pouvoir) : il/elle/on pourrait *he/she/one (we) could*
pousser *to push*
pourtant *yet, nevertheless*
pouvoir *to be able to*
aurait pu *could have*
pratique *convenient*
pratiquer *to play, to practice*
précieux(m.), précieuse(f.) *precious*
précis(e) *precise, exact, accurate*
la prédiction *prediction*
prédominant(e) *predominant, prevaling*
préféré(e) *favorite*

préférer *to prefer*
premier(m.), première(f.) *first*
prend (inf. prendre)
il se prend au sérieux *he takes himself seriously*
prendre *to take, to have (to drink or eat)*
prendre les billets *to buy the tickets*
prendre soin de *to take care of*
elle prendra soin de *she will take care of*
prendre une décision *to make a decision*
le prénom *first name*
préparer *to prepare*
se préparer à *to prepare oneself, to get ready*
préparez-vous (inf. préparer) *get ready*
près *close*
près de *close to*
présenter *to introduce, to present, to show*
presque *almost*
prêt(e) *ready*
le prêt-à-porter *ready-to-wear*
la preuve *proof*
le principe *principle*
en principe *as a rule*
le printemps *spring*
pris (inf. prendre)
il l'a pris *he took it*
privé(e) *private*
le privilège *privilege*
le prix *price; prize*
le produit *product*
le prof(esseur) *teacher*
le professionnel *professional*
progresser *to progress, to advance*
la promenade *walk, drive, ride*
faire une promenade *to go for a walk*
se promener *to take a walk*
promettre *to promise*

**proposer** *to suggest*
**propre** *clean; own*
**proviennent (inf. provenir)** *come from*
la **prune** *plum*
**pu (inf. pouvoir)**
  **on a pu** *one could*
la **publicité** *advertisement*
**puisque** *since*
**punir** *to punish*

**Qu'est-ce que c'est?**
  *What is it?*
**Qu'est-ce qui se passe?**
  *What is the matter?*
**qualifier** *to call, to label*
la **qualité** *quality*
**quand** *when*
la **quantité** *quantity, amount*
**quatorze** *fourteen*
**que**
  **ce que** *what*
  **que ce soit** *whether it is*
**quel(m.), quelle(f.)** *what, which*
**quelqu'un** *someone*
**quelqu'un en vue** *someone in mind*
**quelque** *some*
**quelque chose** *something*
**quelque part** *somewhere*
**quelquefois** *sometimes*
**quelques** *a few, some*
**qui** *who*
**quinze** *fifteen*
**quitter** *to leave*
**quoi** *what*

**raccrocher** *to hang up*
**raconter** *to tell*

**raison : il a raison** *he is right*
en **raison de/du** *because of*
**raisonnable** *reasonable*
**râper** *to grate*
**rapide** *fast*
**rappeler** *to remind*
se **rappeler** *to remember*
**rare** *rare*
**rattraper** *to catch*
le **rayon** *department (of a store)*
  **le rayon des fruits** *fruit department*
la **réalité** *reality*
**recevoir** *to receive, to get*
la **recherche** *search*
  **à la recherche de** *in search of*
**recommencer** *to start over*
**récompenser** *to reward, to recompense*
**reconnaître** *to recognize*
la **récréation** *break, recess*
**refaire** *to redo, to do again*
**réfléchir** *to think*
le **réfrigérateur** *refrigerator*
se **régaler copieusement** *to have a generous meal*
le **regard** *glance, look*
**regarder** *to look, to watch*
la **région** *region, area*
la **règle** *rule; ruler*
**régulier** *regular*
se **relâcher** *to relax*
**relatif(m.) relative(f.)** *relating to*
**relativement** *relatively*
**relier** *to link*
**religieux(m.)** *religious*
se **remarier** *to get married again, to remarry*
**remettre** *to put back*
**rencontrer** *to meet*
le **rendez-vous** *meeting, date*
  **rendez-vous chez moi** *let's meet at my place*
se **rendre** *to go to*

la **rentrée** *beginning of the school year*
**rentrer** *to come back*
le **repas** *meal*
**répéter** *to repeat*
**répondre** *to answer*
la **réponse** *answer*
**reprends (inf. reprendre)**
  **reprends l'histoire** *go back to the story*
**représentatif** *representative*
**représenter** *to depict, to show, to represent*
**reprocher** *to blame, to reproach*
**réputé(e)** *famous, renowned*
**résoudre** *to solve*
**ressembler** *to look like*
**ressentir** *to feel, to experience*
le **restaurant** *restaurant*
le **reste** *what's remaining, the rest, left overs*
**rester** *to remain, to stay*
**retenir** *to hold back*
la **retenue** *(self-)restraint, (self-)control*
le **retour** *return*
se **retourner** *to turn over, to look back; to overturn*
**retourner** *to go back*
**retrouver** *to meet, to join*
la **réunion** *meeting*
en **revanche** *on the other hand*
le **rêve** *dream*
le **réveil** *waking up, wakening*
**revenir** *to come back*
**rêver** *to dream*
**riche** *rich*
**ridicule** *ridiculous*
**rien** *nothing, anything*
  **ne...rien** *nothing, not...anything*
  **rien de spécial** *nothing special*

**rien du tout** *nothing at all*
**sans rien dire** *without saying anything*
la **rigueur** *rigour*
**rire** *to laugh*
**se mettre à rire** *to start laughing*
la **rive** *river bank*
la **rivière** *river*
la **robe** *dress*
le **rock** *rock 'n' roll*
le **roman** *novel*
**le roman policier** *detective novel*
**rond(e)** *round*
**rouge** *red*
**rude** *harsh, hard, tough*
la **rue** *street*

**sa** *his, her, its*
le **sac** *bag*
le **sac à dos** *backpack*
**sais: je sais** *I know*
**sait: il ne sait pas** *he doesn't know*
**salé(e)** *salted*
la **salle** *room*
**la salle (de latin, d'espagnol...)** *classroom*
**la salle à manger** *dining room*
**la salle d'étude** *study hall*
**Salut!** *Hi!* or *Goodbye!*
**samedi** *Saturday*
**le samedi** *on Saturdays*
**sans** *without*
**sauver** *to save*
**savoir** *to know*
le **savon** *soap*
la **scène** *scene, action*
**la mise en scène** *production*
**se rappeler** *to remember*
**seconde** *10th grade*

le **séjour** *stay*
**selon** *according to*
la **semaine**
**trois fois par semaine** *three times a week*
**sembler** *to seem*
**il semble** *it seems*
le **sens** *meaning*
**serais (inf. être)**
**je serais déjà passé** *I would have already gone through*
**serait (inf. être) ce serait** *it would be*
**sérieux(m.), sérieuse(f.)** *serious*
**sert (inf. servir)**
**une table qui sert pour les repas** *a table that is used for the meals*
le **serveur** *waiter*
la **serviette** *napkin*
**servir** *to serve, to wait on*
**ses** *his, her, its*
**seulement** *only*
le **shampooing** *shampoo*
le **short** *(pair of) shorts*
**si** *so; if; yes*
**siffler** *to whistle*
le **signe** *sign*
**signifier** *to mean, to signify*
**similaire** *similar*
**situé(e)** *located*
le **ski** *skiing*
**faire du ski** *to ski*
la **sœur** *sister, nun*
**soi-disant** *so-called*
la **soie** *silk*
la **soif** *thirst*
**avoir soif** *to be thirsty*
le **soin** *care*
**qui prendra soin** *who will take care*
le **soir** *evening*
la **soirée** *evening*
le **soldat** *soldier*
le **soleil** *sun*
**le coup de soleil** *sunburn*
**solitaire** *solitary, lonely*

la **somme** *sum*
**son** *his, her, its*
**sonner** *to ring*
**sort (inf. sortir) : elle sort** *she gets out*
**sortent (inf. sortir) : ils sortent** *they get out*
la **sortie** *exit*
**sortir** *to go out*
**souhaiter** *to wish*
**soulever** *to lift*
le **soupçon** *suspicion*
**soupçonner** *to suspect*
**sourd(e)** *deaf*
**sous** *under*
se **souvenir** *to remember*
**souvent** *often*
**spécial(pl. spéciaux)** *special*
le **sport** *gym; sports*
le **styliste** *designer*
le **stylo** *pen*
**suffire** *to be enough, to be sufficient*
la **suite** *continuation, follow-up, following episode*
**tout de suite** *immediately*
**suivant** *according to*
**suivant(e)** *following*
**suivre** *to follow*
**à suivre** *to be continued*
le **sujet** *subject*
**au sujet de** *about, concerning*
le **supermarché** *supermarket*
**sûr(e)** *certain, sure*
**sûrement** *certainly*
**surprenant** *surprising*
**surprendre** *to surprise, to catch in the act*
**surtout** *especially, above all*
**sympathique** *nice, friendly*

**ta** *your*

la **table** *table*
le **tableau** *chart; painting, picture*
le **tableau noir** *blackboard*
**tacher** *to spot*
le **tailleur-pantalon** *trouser suit*
**tant pis** *never mind, too bad*
la **tante** *aunt*
**tard** *late*
**plus tard** *later*
la **tarte** *pie*
**tarte aux pommes** *apple pie*
le **tas** *pile, heap*
**des tas** *tons*
la **technique** *technique*
le **tee-shirt** *T-shirt*
**tel(m.), telle(f.)** *such, like*
le **téléphone** *phone, telephone*
**le téléphone à carte** *card-operated telephone*
**le téléphone à pièces** *coin-operated telephone*
la **télévision** *television*
**regarder la télé(vision)** *to watch TV*
**tellement** *so, so much*
**pas tellement** *not too much*
le **témoin** *witness*
le **temps** *weather; time*
**à temps** *in time*
**de temps en temps** *from time to time*
la **tendance** *tendancy*
**tendrement** *tenderly, lovingly, fondly*
**Tenez!** *Hey, say!*
**tenir** *to hold (up)*
**n'y tenant plus** *he couldn't stand it anymore*
**se tenir chaud** *to keep warm*
le **tennis** *tennis; tennis court*
**tentant(e)** *tempting*
la **tentation** *temptation*

**terminer** *to finish*
la **terrasse** *terrace*
**terre: par terre** *on the ground*
**terrible** *terrible, awful*
**pas terrible** *not so great*
**tes** *your*
la **tête** *head*
le **thé** *tea*
le **théâtre** *theater*
**la pièce de théâtre** *play*
le **thème** *theme*
le **tien** *yours*
**Tiens!** *Hey!*
**tisser** *to weave*
le **tisserand** *weaver*
le **testament** *will*
le **tissu** *material*
le **titre** *title, heading*
**toi** *you*
la **toile** *cloth*
la **toile d'araignée** *spider's web*
la **tomate** *tomato*
**tomber** *to fall*
**ton** *your*
**toujours** *always*
le **tour** *turn*
**à son tour** *in turn*
**tourner** *to turn*
**tous** *all*
**tous les soirs** *every evening*
**tout(e)** *all*
**c'est tout** *that's all*
**tout d'un coup** *all of a sudden, suddenly, all at once*
**tout aussi** *just as*
**tout le monde** *everybody*
**toutefois** *however*
**traditionnel(m.), traditionnelle(f.)** *traditional*
**train**
**elle est en train de** *she is in the process of (doing something)*
**traiter** *to treat*
les **traits(m. pl.)** *features*

le **tralala** *fuss*
**tranquille** *quiet*
**pas si tranquille que ça** *not really that quiet*
**transporter** *to carry, to transport*
**traverser** *to cross*
**trébucher** *to trip*
**très** *very*
**très peu pour moi!** *it's not for me!*
**troisième** *9th grade*
se **tromper** *to be mistaken*
**trop** *too*
**trop de** *too much, too many*
le **trou** *hole*
la **trousse** *pencil case*
se **trouver** *to be (located)*
**trouver** *to find*
le **truc** *thing*
**j'ai des trucs à faire** *I have things to do*
**typique** *typical*

**U**

l' **utilisateur(m.)** *user*
**utiliser** *to use*

**V**

**V.O. (version originale)** *original language, version*
**film en V.O.** *film in its original language*
**va: elle va** *she goes; she is going to*
les **vacances (f.pl.)** *vacation*
**vais: je vais** *I am going (to)*
se **vanter** *to boast, to brag*
le **vélo** *bicycle, bike*
**faire du vélo** *to bike*
**vendre** *to sell*

**vendu** *sold*
**venir** *to come*
  **venir de** *to have just (done something)*
le **vent** *wind*
**vérifier** *to check*
la **vérité** *truth*
le **verre** *glass*
  **boire un verre** *to have a drink*
  **vers les 9 heures** *around 9 o'clock*
  **vert(e)** *green*
la **veste** *jacket*
le **vêtement** *piece of clothing*
  **veut (inf. vouloir)**
    **il/elle/on veut** *he/she/one wants*
    **ça veut dire** *that means*
  **veux (inf. vouloir) je/tu veux** *I/you want*
    **tu veux dire** *you mean*
    **tu veux parler de** *what you're really talking about is*
le **vide** *emptiness*
  **le vide de l'existence** *the emptiness of life*
  **vide** *empty*
la **vidéo** *video*
la **vie** *life*
  **tout au long de la vie** *throughout life*
la **vieille** *old (woman)*
  **viens (inf. venir)** *come*

**vient (inf. venir)**
  **tout le monde vient** *everybody comes*
le **vieux** *old (man)*
  **vieux(m.), viel(m.), vieille(f.), vieux,(m.pl) vieilles(f.pl)** *old*
  **mon vieux** *old man*
  **vif(m.), vive(f.)** *vivid, brilliant*
le **village** *village*
la **ville** *city, town*
  **vingt-quatre** *twenty-four*
  **violet(m.), violette(f.)** *purple*
  **virer** *to tack*
  **vis-à-vis** *towards*
le **visage** *face*
la **visite** *tour*
  **vite** *quickly; Hurry!*
  **au plus vite** *as quickly as possible*
  **vivre** *to live*
le **vocabulaire** *vocabulary*
  **voilà** *there is, here is, that's...*
la **voile** *sail*
le **voilier** *sailing ship*
  **voir** *to see*
la **voiture** *car*
la **voix** *voice*
  **voler** *to fly; to steal*
  **voler de ses propres ailes** *to stand on one's*

*own two feet, to fend for oneself*
le **voleur** *thief*
  **voudrais (inf. vouloir)**
    **je voudrais** *I would like*
  **vouloir** *to want*
  **voyager** *to travel*
  **voyons** *let's see*
  **vrai** *true*
  **vraiment** *really*
  **vu** *seen*
la **vue** *view*
  **vue d'ensemble** *overall view*
  **en vue** *in mind*

le **week-end** *weekend*

  **y** *there*
le **yaourt** *yogurt*
  **yaourt nature** *plain yogurt*
les **yeux** *eyes*

**Zut!** *Darn!*

# Réponses

## Chapitre 1

### Avant la lecture : Activité

1. garage    2. avenue    3. téléphone
4. club    5. maths    6. concerts

### Pendant la lecture : Le Club des quatre

**A.** It's a secret club. **B.** two girls and two boys
**C.** in the suburbs of Paris **D.** His favorite subjects are English and French, his least favorite subject is math.
**E.** La Moutière street, near the post office **F.** go out with his friends and talk on the phone **G.** Morgane
**H.** in Africa **I.** dance, travel, and eat **J.** fifteen **K.** skiing

### Après la lecture : Activités

❶ 1. faux    2. vrai    3. faux    4. vrai
5. faux    6. faux    7. faux    8. vrai

❷ 1. Olivier 2. Chloé 3. Olivier 4. Julien 5. Chloé
6. Julien 7. Morgane

❸ Answers will vary.

❹ 1. my, my, my 2. your, your 3. his, his 4. his, his, his. They are all possessive adjectives. In French they agree in number and gender with the noun they modify.

❺ *cognates:* Possible answers: club, secret, appartement, maths, cinéma, concert, adore, basket-ball, téléphone, danse, sport, télévision, pizza, hamburger, ski, examen; *faux amis:* habite, football

### Avant la lecture : Activité

Answers will vary.

### Pendant la lecture : Les Correspondantes

**A.** brown; green **B.** fifteen **C.** swimming **D.** to travel
**E.** Tunis **F.** three brothers and one sister **G.** listen to music and watch TV **H.** best subjects: math and science, worst subject: French **I.** science-fiction books

### Après la lecture : Activités

❶ 1. both    2. Amina    3. Mathilda
4. Amina    5. Amina    6. both
7. Mathilda    8. Amina    9. Mathilda
10. Mathilda    11. Amina    12. Amina.

❷ Answers will vary.

❸ Answers will vary.

### Un peu plus…

❶ 1. Olivier    2. Alexandre 3. Marine
4. Valentin    5. Lucas    6. Thomas

Hidden name: VICTOR.

❷ 1. la banlieue 2. Maurice Ravel 3. en Angleterre 4. une grande maison 5. 17 ans 6. aime les blagues

## Chapitre 2

### Avant la lecture : Activités

Ⓐ German. It is a language.

Ⓑ Answers will vary.

### Pendant la lecture : La Disparition d'Olivier

**A.** troisième (9th grade). **B.** class. **C.** Chloé thinks it's easy. Julien and Morgane think that German is boring and the homework is difficult. **D.** No. **E.** 3P.M. **F.** She does not have class and she is worried about Olivier; she looks for him in the gym because maybe he has sport. **G.** a note **H.** at 5:15P.M. **I.** No, he is depressed. **J.** He lost his backpack. **K.** She believes that one of the students in Olivier's class is a thief. **L.** He finds it hard to believe that someone stole the backpack. **M.** **Combien** means *how many.* **N.** They need proof. **O.** coming up with a plan of action

### Après la lecture : Activités

❶ 1. Non, Julien, Olivier, Chloé et Morgane ne sont pas élèves en quatrième.
2. Non, les amis n'ont pas allemand à neuf heures.
3. Non, Morgane ne trouve pas l'allemand facile.
4. Si, Julien est en cours aujourd'hui.
5. Si, Olivier a allemand l'après-midi.
6. Non, Chloé ne trouve pas le sac à dos d'Olivier sur un banc.
7. Si, Julien aime les sciences.

❷ 1. aide    2. possible 3. note
4. impatience 5. classe    6. urgent
7. attaque

❸ Son cahier est dans la classe de sciences naturelles.

❹ Answers will vary.

### Avant la lecture : Activité

1. Mom. 2. **Mère** is more formal than **maman. Mère** means *mother;* **maman** means *mom.* 3. to create an intimate tone familiar to children

### Pendant la lecture : C'est bientôt l'heure des mamans

**A.** It is the time when the mothers come and pick up their children at the end of the school day. **B.** the teacher **C.** three to five years old **D.** They are in front of the school. **E.** He feels secure, warm, and happy.

*Après la lecture :* **Activités**

❶ 1. b    2. c    3. a    4. c
❷ 1. c    2. d    3. e    4. b    5. a
❸ Answers will vary.

*Un peu plus ...*

❶ 1. e  2. g  3. h  4. f  5. c  6. a  7. b  8. d

## Chapitre 3

*Avant la lecture :* **Activité**

d, e

*Pendant la lecture :* **L'Enquête du club des quatre**

**A.** at Julien's place **B.** the color of the backpack and what was inside **C.** green and white **D.** biology, Spanish, math, Latin, and sport **E.** his book, a yellow binder, and sheets of papers **F.** two notebooks and a calculator **G.** red **H.** a movie magazine **I.** Sandrine **J.** Because she loves to read and to listen to music, and this morning she asked him for his calculator and a Latin book. **K.** Xavier, because he wants some tennis shoes and a sweatshirt like the ones Olivier has. **L.** Answers will vary. **M.** Mr. Girard, the French teacher **N.** in the study hall room **O.** Olivier had left his backpack in the study hall room.

*Après la lecture :* **Activités**

❶ 1. c        2. b        3. a        4. b
❷ 1. Zut! 2. j'ai oublié 3. C'est tout. 4. bien sûr 5. Qu'est-ce qui se passe? 6. un voleur 7. Je me rapelle
❸ Answers will vary.
❹ Answers will vary.

*Avant la lecture :* **Activités**

Ⓐ 1. . . . eating her curds and whey.
   2. . . . the cow jumped over the moon.
   3. . . . eating a Christmas pie.
Ⓑ Answers will vary.

*Pendant la lecture :* **J'ai vu...**

**A.** brown **B.** eggs **C.** purple **D.** the green fish **E.** rain and weather **F.** In French, the word **temps** means *weather* and *time.*

*Après la lecture :* **Activités**

❶ 1. b    2. a    3. d    4. e    5. c

❷ 1. marron; the other words are for animals.
   2. jouer; the other words are for food.
   3. j'ai vu; the other words are for weather.
   4. poisson; the other words are for colors.
❸ 1. crayon    2. guitare    3. bracelet
   4. poster    5. roman    6. dictionnaire

*Un peu plus...*

Ⓐ vert = jaune + bleu; marron = jaune + bleu + rouge; rose = rouge + blanc; violet = bleu + rouge; gris = noir + blanc; orange = rouge + jaune
Ⓑ 1. d  2. e  3. g  4. b  5. f  6. a  7. c

## Chapitre 4

*Avant la lecture :* **Activité**

Answers will vary.

*Pendant la lecture :* **Le Club des quatre à la Maison des jeunes**

**A.** She is new in Montfort and wants to meet young people. **B.** She is developing pictures. **C.** two or three times a week **D.** She likes swimming, skiing, and acting. **E.** Morgane invites Claire to come to her acting class. **F.** basketball **G.** jogging, roller blading, and making videos **H.** *Musical ensemble* is a gathering of musicians playing or singing together. **Ensemble** means *together.* **I.** play tennis the following Sunday at 11:00 A.M. **J.** No, she is going to videotape the match.

*Après la lecture :* **Activités**

❶ AEROBIC, VELO, ROLLER, SKI, BASKET, TENNIS, JOGGING, PATIN A GLACE
❷ **Chloé :** photo, patin à glace, tennis **Morgane :** natation, ski, théâtre, tennis **Julien :** vidéo, tennis **Olivier :** basket, tennis **Claire :** jogging, roller, théâtre, video
   Answers may vary for the seasons.
❸ Answers will vary.

*Avant la lecture :* **Activités**

Ⓐ Answers will vary.
Ⓑ Answers will vary.

*Pendant la lecture :* **Le Sport au Québec**

**A.** because it's very cold **B.** ski, hockey, swimming, football, basket-ball **C.** They are not practiced anywhere else except for a few places. **D.** It's a game for boys and girls; the players have to push a ball into the opponent's goal. **E.** It's a non-violent sport and can be practiced life-long. **F.** a stick and a ring **G.** six including the goalkeeper **H.** usually played by women; played with a ring instead of a puck

## *Après la lecture :* **Activités**

**❶ 1.** faux     **2.** faux     **3.** faux     **4.** faux
    **5.** vrai     **6.** faux     **7.** vrai

**❷ 1.** PATINOIRE   **2.** HOCKEY   **3.** BUT
    **4.** NATATION   **5.** GLACE
    **6.** AILLEURS. ANNEAU. RINGUETTE.

**❸** Answers will vary.

## *Un peu plus…*

**❶ 1.** f    **2.** e    **3.** d    **4.** b    **5.** a    **6.** c

## Chapitre 5

### *Avant la lecture :* **Activité**

Answers will vary.

### *Pendant la lecture :* **Les Cafés parisiens**

**A.** not only to drink but also to meet friends, talk, watch people, have fun, discuss, criticize; and that's why it's an art for the French **B.** Writers and famous people are seen there on a regular basis. **C. Célébrité** is a cognate and means *celebrity* or *famous person.* **D.** It's not a place where famous people go; the clients are regular customers well known by the waiters. **E.** with posters of Toulouse-Lautrec showing the life of Parisian cafés **F.** croque-monsieur, steak with French fries, hot-dog, cheese, ham, or salami sandwich **G.** expresso, tea, hot chocolate, mineral water, fruit juice, sodas **H.** Thematic cafés such as cybercafés are the new trend.

### *Après la lecture :* **Activités**

**❶ 1.** Café de Flore   **2.** Café des Lilas   **3.** Café de Flore   **4.** Café des Lilas   **5.** Café des Lilas

**❷** Answers will vary.

**❸** Answers may vary.

**❹** Answers will vary.

**❺** Answers will vary.

### *Avant la lecture :* **Activités**

**Ⓐ** Answers will vary.

**Ⓑ 1.** an incident between a waiter and a customer at a café **2.** Answers will vary. **3.** Answers will vary.

### *Pendant la lecture :* **Les Croissants**

**A.** a waiter and a customer **B.** two croissants **C.** No. **D.** to another café

## *Après la lecture :* **Activités**

**❶** 3, 5, 2, 1, 4

**❷ 1.** THE     **2.** CAFE     **3.** CROISSANTS
    **4.** LAIT     **5.** CHOCOLAT

**❸ 1.** b    **2.** a    **3.** b    **4.** c    **5.** a

**❹ 1.** un café et deux croissants; Non. **2.** parce qu'il n'y a pas de croissants **3.** parce que le client ne comprend pas et continue de lui demander des croissants **4.** comique **5.** parce qu'il trouve que le serveur n'est pas poli

**❺** Answers will vary.

### *Un peu plus…*

    **1.** lis     **2.** Mona     **3.** de
LIMONADE

## Chapitre 6

### *Avant la lecture :* **Activités**

**Ⓐ** 6, 3, 8, 1, 5, 7, 4, 2, 9

**Ⓑ** Answers will vary.

### *Pendant la lecture :* **Un jeune Américain à Paris**

**A.** in San Francisco **B.** two years **C.** the Tuileries and the Louvre museum **D.** in the Egyptian antiquities section **E.** Charlotte **F.** in a café **G.** Charlotte orders an orange juice and Dylan a coke. **H.** It's not her thing. **I.** go to the theater and then to a restaurant **J.** *Le Malade imaginaire* **K.** because it's a small traditional French restaurant, good and not expensive **L.** Dylan **M.** because he thinks she said **pour boire**

### *Après la lecture :* **Activités**

**❶ 1.** américain   **2.** étudie   **3.** lycée
    **4.** habite    **5.** foot     **6.** théâtre
    **7.** Louvre    **8.** promenade

**❷** Answers will vary.

**❸** Answers will vary.

### *Avant la lecture :* **Activités**

**Ⓐ** Answers will vary.

**Ⓑ** Answers will vary.

### *Pendant la lecture :* **Le Cinéma : les jeunes l'aiment**

**A.** more than 6.5 million **B.** eight movies per year **C.** the creation of mutiplex theaters **D.** V.O. stands for **version originale** which means *version in its original language.* **E.** one can see art films in smaller independent movie theaters. **F.** 14.94 euros **G.** Teens prefer adventure and fantasy movies with good special effects, or movies with a good storyline that they can relate to their own lives. **H.** In 1993: *Les Visiteurs;* In 1999: *Astérix et Obélix contre César*

### *Après la lecture :* **Activités**

❶ **1.** la création de multiplex, la création de la carte UGC et du pass Gaumont-MK2  **2.** Un multiplex, c'est un très grand cinéma de style américain qui a de nombreuses salles modernes avec un grand hall d'accueil, des concessions de boissons et de pop-corn, des écrans géants et qui offre un choix important de films et une excellente qualité technique.  **3.** La carte UGC et le pass Gaumont-MK2 sont des cartes qui permettent aux jeunes d'aller au cinéma autant de fois qu'ils veulent pour seulement 14,94 euros par mois.  **4.** En grande partie, c'est le bouche à oreille.  **5.** Les films américains sont souvent des films d'aventures ou fantastiques, avec de bons effets spéciaux. Les films français ont une histoire et sont souvent proches de la vie de tous les jours.

❷ **1.** F  **2.** B  **3.** F  **4.** F  **5.** B  **6.** B  **7.** A  **8.** F

❸ Answers will vary.

### *Un peu plus…*

1. d     2. e     3. a     4. b     5. c

## Chapitre 7

### *Avant la lecture :* **Activité**

1. un homme          3. une femme
2. un garçon          4. une fille

### *Pendant la lecture :* **La Cantatrice chauve**

**A.** parce qu'il pense au mort **B.** dès la deuxième réplique de Madame Smith, quand on apprend que Madame Watson a le même prénom que Monsieur Watson **C.** l'oncle de Bobby Watson **D.** la tante de Bobby Watson **E.** avec Bobby Watson, le commis voyageur **F.** parce que tous les Watson ont le même prénom et le même métier

### *Après la lecture :* **Activités**

❶ **1.** a          **2.** b          **3.** b          **4.** c
❷ **1.** sœur          **2.** fille          **3.** tante
   **4.** mère          **5.** femme          **6.** cousine
❸ Answers will vary.
❹ **1.** A ma fille          **2.** A ma tante  **3.** A mon frère
   **4.** A mon grand-père 5. A ma mère  6. A mon cousin
   **7.** A mon oncle          **8.** A mon fils  9. A ma sœur
   Le mot caché : LA FAMILLE.

❺ Answers will vary.

### *Avant la lecture :* **Activités**

**1.** absurde; parce que les rôles sont inversés D'habitude, c'est le chat qui attaque le canari.
**2.** comique; parce qu'un joueur de football est grand et fort, et on ne l'imagine pas en tutu avec des chaussures de ballerine

### *Pendant la lecture :* **Histoires drôles**

**A.** le père du suspect **B.** le frère du suspect **C.** zéro en dictée, en sciences, en maths et en histoire; Non, son père n'est pas heureux. **D.** Toto **E.** écrire la table de neuf **F.** Non. **G.** huit gifles **H.** parce qu'il n'a pas fait d'erreur

### *Après la lecture :* **Activités**

❶ **1.** faux  **2.** faux  **3.** faux  **4.** vrai  **5.** vrai
   **6.** faux  **7.** faux  **8.** faux  **9.** vrai  **10.** vrai

❷ Possible answers: **1.** vert  **2.** moi  **3.** eau; haut
   **4.** mai; mes  **5.** non

❸ Answers will vary.

### *Un peu plus…*

❶**1.** Pince-moi *(Pinch whoever says that).*
   **2.** Vingt-et-un.

## Chapitre 8

### *Avant la lecture :* **Activités**

🅐 Il pleut. Le ciel est gris. Il fait froid.
🅑 **1.** Thanksgiving  **2.** Pâques  **3.** Halloween

### *Pendant la lecture :* **Au supermarché pour la première fois**

Le narrateur est un homme. Other answers will vary.

**A.** au supermarché; une liste **B.** sur le parking, près du poteau marqué P24 **C.** pour prendre un chariot **D.** sa femme **E.** Il prend celles du milieu car elles ont l'air meilleures. **F.** parce qu'il y a trop de choix **G.** pour savoir quels yaourts acheter **H.** les yaourts Danone nature **I.** des gâteaux secs **J.** parce que la caisse à côté semble plus rapide **K.** Non; Il n'y a pas de prix sur le CD que la dame achète et la caissière est au téléphone. **L.** 33,64 euros. **M.** Il ne trouve pas son portefeuille. **N.** Sa femme lui téléphone parce qu'il a oublié son portefeuille sur la table de la cuisine.

### *Après la lecture :* **Activités**

❶ **1.** vrai  **2.** faux  **3.** vrai  **4.** faux  **5.** faux
   **6.** faux  **7.** faux  **8.** vrai  **9.** vrai

**❷** 1. oui; cinq paquets **2.** non **3.** oui; une bouteille **4.** oui; un kilo **5.** oui; trois kilos **6.** non **7.** une douzaine **8.** non **9.** oui; cinq **10.** non **11.** oui; deux bouteilles

**❸** 1. gare **2.** chariot **3.** nature **4.** caisse **5.** poche

**❹** 1. yaourt **2.** melon **3.** fraise **4.** maïs **5.** olive **6.** pot **7.** tarte **8.** riz
**D'autres mots dans la grille:** zoo, trop, aime

**❺** Answers will vary.

### *Avant la lecture :* **Activités**

**A** Answers will vary.

**B** Answers will vary.

### *Pendant la lecture :* **La Cantine**

**A.** à la cantine du lycée **B.** un étudiant **C.** C'est un self-service. **D.** carottes râpées ou pâté **E.** deux desserts **F.** parce que sa mère ne fait jamais de pizza **G.** de l'eau **H.** Il avance doucement et il hésite car il cherche un visage familier. **I.** parce que le narrateur a trouvé ses copains **J.** C'est probablement un garçon parce que tous ces copains sont des garçons.

### *Après la lecture :* **Activités**

**❶** 1. CAROTTE **2.** PATE **3.** POISSON **4.** RIZ PILAF **5.** PIZZA **6.** EAU **7.** POMME **8.** YAOURT **9.** FROMAGE **10.** TARTE AUX POMMES

**❷** 1. Pas d'accord; C'est un self-service. **2.** D'accord. **3.** Pas d'accord; Le narrateur préfère la pizza, même si elle n'est pas bonne à la cantine. **4.** Pas d'accord; Il hésite et cherche un visage familier.

**❸** Answers will vary.

### *Un peu plus...*

**❶** Answers will vary.

**❷** Answers will vary.

## Chapitre 9

### *Avant la lecture :* **Activité**

Answers will vary.

### *Pendant la lecture :* **La Tentation**

Le mot **tentation** se traduit par : *temptation*. L'auteur a choisi ce titre car les quatre amis rêvent et sont tentés de garder le sac qu'ils ont trouvé.

**A.** Les cours de l'après-midi sont annulés. **B.** pour discuter quoi faire **C.** *telephone booth* **D.** chez Morgane, dans le grenier **E.** de l'argent **F.** parce qu'il ne compte pas assez vite et qu'il hésite sur les chiffres **G.** 16.000 euros **H.** de sortir, d'aller au cinéma, d'acheter des CD

**I.** un ordinateur et une nouvelle guitare. **J.** parce que cet argent n'est pas à eux **K.** Chloé **L.** Le Commandant veut savoir combien d'argent il y a dans le sac, où et quand ils ont trouvé ce sac. **M.** *bank* **N.** une année de cinéma gratuit

### *Après la lecture :* **Activités**

**❶** 1. faux **2.** faux **3.** vrai **4.** vrai **5.** vrai

**❷** 1. grenier **2.** ordinateur **3.** gendarmerie **4.** patron **5.** annuaire **6.** tennis

**❸** a. 3 **b.** 2 **c.** 1 **d.** 6 **e.** 5 **f.** 4

**❹** a. 1. c **2.** d **3.** a **4.** b
**b.** Answers will vary.

**❺** 1. la boucherie **2.** la boulangerie **3.** la poissonerie **4.** la cordonnerie

**❻** Answers will vary.

### *Un peu plus ...*

**❶** Answers will vary.

## Chapitre 10

### *Avant la lecture :* **Activité**

Answers will vary.

### *Pendant la lecture :* **Les Habits neufs de l'empereur**

**A.** les beaux habits neufs **B.** de savoir tisser une étoffe exceptionnelle, invisible aux yeux des incapables ou des idiots **C.** pour savoir qui sont les hommes inca-pables de son empire **D.** les plus beaux fils de soie et les fils d'or les plus précieux **E.** pour savoir où les tisserands en sont de leur étoffe, et aussi pour savoir ce qu'il pense de l'étoffe **F.** Il ne voit rien, mais il dit que c'est très beau. Il ne veut pas se montrer idiot. **G.** Il arrive au fonctionnaire la même chose qu'au min-istre. **H.** Il se dit : «C'est effroyable! Suis-je un idiot? Ne suis-je pas fait pour être empereur?» **I.** de se faire faire de nouveaux habits dans cette étoffe magnifique pour les porter le jour de la grande fête **J.** ses nou-veaux habits : un pantalon, une veste et un manteau. **K.** «Dieu! Comme cela vous va bien!». **L.** parce qu'ils ont tous entendu parler des qualités exceptionnelles de l'étoffe et ils veulent tous savoir si leur voisin est un incapable ou un idiot **M.** «Mais il est tout nu!». **N.** L'empereur pense que son peuple a raison.

### *Après la lecture :* **Activités**

**❶** a. 4 **b.** 7 **c.** 2 **d.** 8 **e.** 3 **f.** 1 **g.** 5 **h.** 6

**❷** 1. empereur; habits **2.** tisserands **3.** tisser; étoffe **4.** métiers; fils **5.** fonctionnaire; escrocs.

❸ C'est un conte. Other answers will vary.

❹ Answers will vary.

### Avant la lecture : **Activité**

Answers will vary.

### Après la lecture : **Maeva, la nouvelle génération mode!**

❶ 1. styliste; Tahiti 2. Yves Saint-Laurent et Christian Lacroix 3. Oui 4. Oui; chez Saint-Laurent, elle appris le goût des lignes simples et de la rigueur et chez Lacroix, elle a appris à oser 5. une petite robe très simple copiée sur les paréos tahitiens 6. une robe avec des feuilles de palmiers

❷ Answers will vary.

❸ Answers will vary.

### Un peu plus …

❶ 1. Chanel 2. Saint-Laurent 3. Vuitton 4. Gaultier

## Chapitre 11

### Avant la lecture : **Activités**

Ⓐ Answers will vary.

Ⓑ Answers will vary.

### Pendant la lecture : **Olivier fait de la voile**

**A.** faire de la voile pour la première fois **B.** un petit voilier, un dériveur. **C.** à neuf heures vingt; Il a un gros pansement à la main droite, il boite et il a une énorme bosse violette au front. **D.** dessaler et déchirer une voile **E.** parce que quand la bôme est passée d'un côté à l'autre du bateau, il n'a pas baissé la tête et il a pris la bôme en plein front **F.** Elle est toute écorchée. **G.** On doit changer de côté. **H.** parce qu'il était pieds-nus, il s'est pris beaucoup d'échardes **I.** parce qu'il n'a pas eu le temps **J.** une publicité pour une école de voile à Quiberon **K.** Non, il préfère le plancher des vaches.

### Après la lecture : **Activités**

❶ 1. Pas d'accord; Il fait de la voile pour la première fois. 2. Pas d'accord; Il a une énorme bosse au front, il s'est écorché la main et il a des échardes dans le pied. 3. Pas d'accord; Philippe n'a pas tout expliqué à Olivier avant de partir. 4. D'accord.

❷ 1. a  2. c  3. b

❸ Answers will vary.

❹ 1. c  2. d  3. b  4. a

❺ Answers will vary.

### Un peu plus …

1. Méditérannée 2. Mer 3. Terre-Neuve 4. Marins 5. Voiliers 6. Escale 7. Surcouf 8. Cartier

Nom donné à un petit bateau à voiles : **DERIVEUR**

## Chapitre 12

### Avant la lecture : **Activité**

Answers will vary.

### Pendant la lecture : **Compère Chien et Compère Chat**

**A.** Ils vivent et s'amusent ensemble. **B.** savoir lequel mange le plus **C.** des pois, une marmite de riz, du lard et du hareng saur **D.** Il danse à cœur joie. **E.** Il rentre chez eux et commence par goûter puis par se régaler copieusement. **F.** Il s'amuse et il danse avec une chienne. **G.** Elle a un pelage blanc taché de noir et elle est très jolie. **H.** Il s'amuse dans la chaudière sans retenue et il mange ce qui reste. **I.** Il mange le gratin du fond. **J.** Il lui explique qu'il a pris la moitié de la nourriture et lui a laissé le reste. **K.** Il lui demande qui a mangé le reste. **L.** Le chat dit qu'il y a un voleur dans les parages. **M.** de la colle. **N.** Il soulève le couvercle. **O.** Sa patte se colle au couvercle de la chaudière. **P.** Il lui demande de l'aider. **Q.** Non, parce que le chat et le chien lui rendent la vie impossible. **R.** ni l'un ni l'autre; Il veut punir le voleur. **S.** Non, ils ne sont pas bons amis à la fin de l'histoire.

### Après la lecture : **Activités**

❶ 1. faux  2. faux  3. faux  4. vrai
5. faux  6. faux  7. faux  8. vrai

❷ 1. le chat 2. le chien 3. le cabri 4. le chien 5. le chat

❸a. 1. un(e) bon(ne) ami(e) 2. un(e) bon(ne) ami(e) 3. n'est pas un(e) bon(ne) ami(e) 4. un(e) bon(ne) ami(e) 5. un(e) bon(ne) ami(e) 6. n'est pas un(e) bon(ne) ami(e)

b. Answers will vary.

❹ 1. le chat sur la rive B 2. la chaudière de riz sur la rive B 3. le chat sur la rive A 4. le chien sur la rive B 5. le chat sur la rive B

❺ 1. Answers will vary.  2. Answers will vary.

### Un peu plus …

❶ 1. Mésyé zé dam bonjour. Sa ou fé? 2. Es ou tandé sa mwen di ou? 3. A ondot solèy 4. Pu bon i bon memm! 5. Débouyé kò a-w!

❷ 1; Do unto others as you would have others do unto you.

# Références

## Illustrations

Abbreviated as follows: (t) top, (b) bottom, (l) left, (r) right, (c) center. All art, unless otherwise noted, by Holt, Rinehart & Winston.

**Table des Matières** Page iv (cr), Jeff Seaver; iv (bl), Charles Peale; v (tl), Charles Peale; vi (cr), Amanda Trimble; vi (bl), Jeff Moore; vii (tl), Charles Peale; vii (tr), Scott Pollock; vii (br), Scott Pollack.

**Chapitre 1 :** Page 1, Amanda Trimble; 4, Jeff Moore; 8, Charles Peale; 9, Charles Peale. **Chapitre 2 :** Page 11, Jeff Seaver; 14, Charles Peale; 15, Amanda Trimble; 6, Amanda Trimble; 17, Jeff Moore; 20, Edson Campos. **Chapitre 3 :** Page 27, Amanda Trimble; 29, Amanda Trimble; 30 (tr), Edson Campos; 30 (br), Amanda Trimble. **Chapitre 4 :** Page 36, Bethann Thornburgh; 40, Charles Peale. **Chapitre 5 :** Page 46-48, Sam Q Weismann. **Chapitre 7 :** Page 64, Bethann Thornburgh; 65, John Huehnergarth; 68, Jeff Moore. **Chapitre 8 :** Page 69 (tr), Jeff Seaver; 69 (cr), Vincent Rio; 70, Fian Arroyo; 71, Fian Arroyo; 72, Fian Arroyo; 75 (b), Fian Arroyo; 75 (tr), Jocelyne Bouchard; 76, Fian Arroyo; 77, Amanda Trimble; 78, Fian Arroyo. **Chapitre 9 :** Page 85, Cindy Revell; 86, Jessica Wolk- Stanley. **Chapitre 10 :** Page 87, Charles Peale; 88, Charles Peale; 89, Charles Peale; 90, Charles Peale; 91, Charles Peale; 92, Edson Campos; 93, Fian Arroyo; 95, Edson Campos; 96, Jessica Wolk-Stanley. **Chapitre 11 :** Page 99, John Huehnergarth; 100, John Huehnergarth; 101 (tr), John Huehnergarth; 101 (c), Scott Pollack; 103, Scott Pollack. **Chapitre 12 :** Page 105, Jeff seaver; 106, Scott Pollack; 107, Scott Pollack; 108, Scott Pollack; 109, Scott Pollack; 110, Scott Pollack; 113, Edson Campos; 114, Fian Arroyo.

## Photographies

Abbreviations used: (t) top, (c) center, (b) bottom, (l) left, (r) right, (bckgd) background. Page 2, HRW Photo/Russell Dian; 3, 4, HRW Photo/Victoria Smith; 5 (l), HRW Photo/Sam Dudgeon; 5 (r), E.Dygas/FPG International; 7 (t), HRW Photo/Michelle Bridwell; 7 (b), HRW Photo/Sam Dudgeon; 12, (c)Icone/The Image Works; 13 (t),(b), HRW Photo/Victoria Smith; 20,(c)Bernard Boutrit/Woodfin Camp & Associates; 21, 22, 23 (t), (b) 24 (t), (b), HRW Photo/Victoria Smith, furniture courtesy Négrel Antiques; 31, Courtesy Marion Bermondy; 32 (b), HRW photo by Sam Dudgeon; 32 (t), HRW Photo/Victoria Smith; 33 (r), (c)1997 Radlund & Associates for Artville; 33 (l), Bill Bachmann/PhotoEdit; 34 (t), Digital imagery(r) (c)2003 PhotoDisc, Inc.; 34, HRW Photo/Marty Granger/Edge Productions; 35, HRW Photo/Herman Emmet; 36, Mike Brinson/The Image Bank; 37, (c) Richard Hamilton Smith/CORBIS; 38 (t), (br), Cédric Lelièvre; 38 (bl), (c) Mike Powell/Allsport USA; 40, (c)Brian Drake/SportsChrome USA; 41, (c) David R. Frazier Photolibrary; 42, Rijksmuseum Kroller-Muller, Otterlo, Netherlands. Photo (c)Erich Lessing/Art Resource, NY; 43 (t), (c) Robert Fried; 43 (b), (c) Owen Franken/Stock Boston; 44, Christie's Images; 45, HRW Photo/Victoria Smith; 48 (l), (r), Digital imagery(r) (c) 2003 PhotoDisc, Inc.; 51, HRW Photo/Victoria Smith; 52 (r), HRW Photo/Marty Granger/Edge Productions; 52 (l), The Granger Collection, New York; 53 (t), HRW Photo/Marty Granger/Edge Productions; 53 (b), (c) Owen Frankin/CORBIS; 54, (c) J. L. Tabuteau/The Image Works; 55 (tl), HRW Photo/Marty Granger/Edge Productions; 55 (tr), 55 (b), HRW Photo/George Winkler; 56, (c) Stuart Cohen/The Image Works; 57 (l), (r), Everett Collection; 59,(c)Archive Photos/Picture Quest; 60, Le Cantatrice Chave, suivi de La Lecon, Courtesy folio books, HRW Photo/Sam Dudgeon; 73, 79, HRW Photo/Victoria Smith; 80, David R. Frazier Photolibrary; 81, 82 (bkgd), HRW Photo/Victoria Smith; 82 (tr), (tl), Digital imagery(r) (c) 2003 PhotoDisc, Inc.; 82 (tc),Corbis Images; 82 (tc), Corbis Images; 83,(c)Charles Gupton/Stock Boston; 86 (l),(c)Charles Gupton/Stock Boston; 86 (r), (c) David Simson/Stock Boston; 94, (c) Joe Carini/The Image Works; 97, (c) David R. Frazier Photolibrary; 98, 99, 100, 101, HRW Photo/Victoria Smith, furniture courtesy Négrel Antiques; 101(inset),HRW Photo/Russell Dian; 102 (tl), (c) Robert Fried; 102 (tc), (c) Robert Holmes/CORBIS; 102 (tr), (c) Margaret Ross/Stock Boston; 102 (bl), HRW Photo/Mark Antman; 102 (br), Abeille-Cartes - Editions "Lyna-Paris (r)"; 104, AP/Wide World Photos/Jean Michel Roignant;